コンパクト版 保育内容シリーズ ②

人間関係

谷田貝公昭 [監修]
髙橋弥生・福田真奈 [編著]

監修のことば

　2017（平成29）年に「幼稚園教育要領」「保育所保育指針」「幼保連携型認定こども園教育・保育要領」が改訂（改定）され、そろって告示された。2018年4月より実施される。

　今回の改訂は、3つの施設、すなわち幼稚園、保育所、認定こども園を、幼児教育施設として認め、学校教育の基礎を培う場として、小学校以上の教育とのつながりを明確にしたことが特徴といえる。

　それぞれの園で就学までに「知識及び技能の基礎」「思考力、判断力、表現力の基礎」「学びに向かう力、人間性等」の3つの資質・能力を育てることを求め、それらの資質・能力の表れる具体的姿として、10の姿を挙げた。

　(1) 健康な心と体 － （領域）健康
　(2) 自立心 － （領域）人間関係
　(3) 協同性 － （領域）人間関係、
　(4) 道徳性・規範意識の芽生え － （領域）人間関係
　(5) 社会生活との関わり － （領域）人間関係
　(6) 思考力の芽生え － （領域）環境
　(7) 自然との関わり・生命尊重 － （領域）環境
　(8) 数量や図形、標識や文字などへの関心・感覚 － （領域）環境
　(9) 言葉による伝え合い － （領域）言葉
　(10) 豊かな感性と表現 － （領域）表現

である。

　これらは、幼児期にすべて完成し、確実にできるようになるということではなく、子どもたちが育っている方向性を表しているとしている。換言すれば、保育者と小学校の先生が「幼児期の終わりまでに育ってほしい姿」を共有するということである。

本「コンパクト版保育内容シリーズ」は、全体的には「健康」「人間関係」「環境」「言葉」「音楽表現」「造形表現」の6巻構成とした。

　本シリーズが完成したことは、なんといってもそれぞれの巻を担当した編者の努力に負うところが大きい。記して御礼申し上げたい。

　編者には、先の3法令を踏まえ、目次を立て、各章でぜひ取り上げてほしいことについて、キーワードをあげる作業をお願いした。また、保育内容の授業は、それぞれ15回実施することになっていることから、15章立てとした。

　執筆者は、それぞれの研究専門領域で活躍している人たちである。しかしながら複数の共同執筆者による協力的な著作であることから、論旨の統一や表現の調整に若干の不統一は免れ得ないが、多方からの批判叱正をお願いしたい。

　本シリーズが保育者養成課程にある諸子や保育現場の諸方にとって、研修と教養の一助ともなれば、執筆者一同、望外の喜びとするところである。

　なお、巻末に、「幼稚園教育要領」(抜粋)、「保育所保育指針」(抜粋)をつけた。ご利用いただければ幸いである。

　最後に、企画の段階から協力推進していただいた一藝社の菊池公男社長、小野道子常務、そして、編集担当の藤井千津子さん、松澤隆さん、川田直美さんに、衷心より御礼申し上げる。

　2018年2月吉日

　　　　　　　　　　　　　　　　　　　　　　監修者　谷田貝公昭

まえがき

　現在の日本は、最近の企業が求める大学生の力は学力だけではないようである。学力よりむしろ会社の上司・同僚と協働しながら仕事を進めていくことのできるコミュニケーション能力や社会性が求められている。専門的な仕事の知識は業務についてからでも身につくが、コミュニケーション能力は上司ではうまく育てられないのである。社会人になってから、そのような力を付けるのは並大抵のことではなく、本人の努力や上司の指導だけではどうにもならない問題なのかもしれない。職場の仲間とうまく意思疎通ができなければ、仕事をスムーズに進め業績を上げることは難しく、このような人間は企業にとっては厄介者なのであろう。企業がコミュニケーション能力に注視し始めた理由は、職場での人間関係がうまく結べない社員が増えたからである。原因は様々であろうが、成長過程で育つべき大切な能力が、育たないままの大人が増加していることは間違いないだろう。

　では、どの時期にコミュニケーション能力は育つのであろうか。その重要な時期が乳幼児期である。学校教育法第22条では、幼稚園を「義務教育及びその後の教育の基礎を培うもの」としている。さらに、幼稚園教育要領では幼稚園の教育を「人格形成の基礎を培う重要なもの」とし、保育所保育指針でも乳幼児期を「生涯にわたる人間形成にとって極めて重要な時期」と述べている。もちろん幼稚園、保育所の両方の機能を兼ね備えている認定こども園でも同様である。社会で求められるコミュニケーション能力や社会性も、乳幼児期に基礎づくりをしなければ、大人になってからでは身に付けにくい。外観をいくら立派にしようとしても、土台や柱の無い建物は直ぐ崩れてしまうというわけである。

領域「人間関係」において目指すのは「他の人々と親しみ、支えあって生活するために、自立心を育て、人と関わる力を養う。」ことである。これはまさに、現代の社会人に求められる姿と同じなのではないだろうか。人間は他者と支え合いながら社会を成立させ、発展させてきた。支え合うためには、信頼し合い、同時に自分が役立っているという自己肯定感も必要である。家庭以外の場では、そのような感情の基盤は、幼稚園や保育所などで保育者や友達との関わりを通して少しずつ育まれるものである。ゆえに保育者は、領域「人間関係」の重要性を知り、その内容を十分に理解して保育に入ることが望ましいだろう。特に保育者養成校の学生の皆さんには、この領域の内容をしっかりと理解してもらいたく、そのために本書が役立つことができれば嬉しい限りである。

　最後に、本書の出版に快く応じてくださった一藝社菊池公男社長、編集・校正にご尽力いただいた川田直美さんに、心より感謝申し上げたい。

2018年2月

　　　　　　　　　　　　　　　　　　　編著者　髙橋弥生
　　　　　　　　　　　　　　　　　　　　　　　福田真奈

もくじ

監修のことば　*2*
まえがき　*4*

第1章　人との関わりの基礎－人間関係の発達課題
第1節　社会で生きるための基礎　*9*
第2節　愛着形成の重要性　*10*
第3節　コミュニケーション能力を育むには　*12*
第4節　保育現場における人間関係　*14*

第2章　子ども理解の必要性
第1節　「子どもがかわいい」ではなぜだめか　*17*
第2節　子ども理解に関する二つの方法　*19*
第3節　子ども一人ひとりを理解するとは？　*24*

第3章　子どもを取り巻く環境の問題
第1節　子育ての時代的背景　*25*
第2節　現代社会の中での子どもを取り巻く問題　*27*

第4章　遊びと人間関係
第1節　遊びの発達と人間関係　*33*
第2節　遊びのなかの人との関わり　*36*

第5章　集団生活と人間関係
第1節　友達の存在　*41*
第2節　道徳性と規範意識　*42*
第3節　自己制御　*44*

第6章　就学までに育てたい人間関係

　　第1節　小学校教育への接続　49
　　第2節　幼児期の終わりまでに育ってほしい姿　53

第7章　領域「人間関係」のねらいと内容－0～2歳

　　第1節　0～2歳児の保育所保育指針の改定について　57
　　第2節　乳児保育に関わるねらい及び内容　59
　　第3節　1歳以上3歳未満児の保育に関わるねらい及び内容　62

第8章　領域「人間関係」のねらいと内容－3～6歳

　　第1節　3歳児以上の要領・指針の改訂と「人間関係」のねらい　65
　　第2節　3歳から6歳までの保育内容と内容の取り扱い　67

第9章　0～2歳児の人間関係を育む保育実践

　　第1節　0歳児の保育事例と留意点　73
　　第2節　1歳児の保育事例と留意点　76
　　第3節　2歳児の保育事例と留意点　78

第10章　3～5歳児の人間関係を育む保育実践

　　第1節　他児との「関わり」を育む3歳児　81
　　第2節　「他者理解」を育む4歳児　83
　　第3節　「考え合う力」を育む5歳児　85

第11章　家庭との連携で育む人間関係

第1節　家庭が抱える子育ての問題　*89*
第2節　家庭との連携　*91*
第3節　保育者と保護者の協働で子どもの成長を支える　*93*

第12章　異年齢保育が育む人間関係

第1節　異年齢保育の効果　*97*
第2節　異年齢保育の際の留意点　*98*
第3節　人間関係に着目した保育事例　*103*

第13章　地域との連携で育む人間関係

第1節　子育て支援による地域との連携　*105*
第2節　地域における子育て支援の実際　*106*
第3節　地域における世代間交流　*110*

第14章　特別な支援が必要な子どもの保育

第1節　特別な支援を必要とする子ども　*113*
第2節　自閉スペクトラム症（自閉症スペクトラム障害）のある子ども　*116*
第3節　個別の指導計画　*119*

第15章　領域「人間関係」の指導計画と評価

第1節　指導計画　*121*
第2節　指導計画の省察と再構成　*126*
第3節　ポートフォリオの活用による評価　*128*

付録（関連資料） *129*
監修者・編著者紹介　*143*
執筆者紹介　*144*

第1章 人との関わりの基礎−人間関係の発達課題

第1節 社会で生きるための基礎

　ヒトは動物の中でも一人前になるまでの期間が非常に長い生物である。生後約一年間は、周囲の大人に完全に依存しており、保護・養育されなければ生き延びることはできない。アドルフ・ポルトマン（A.Portmann, 1897～1982）はこの状況を「生理的早産」と述べている。しかし、このように成長に時間がかかるからこそ、ヒトは他の動物に比べて画期的な発達をしたといわれている。この期間は、将来の可能性を広げる時期であり、多様な成長を保証する期間でもあるのだ。そして、この期間の成長に重要な影響を及ぼすものの一つが他者との関わりである。多くの動物は子どもの育児を母親が担っているが、人間の場合は母親だけに限らず様々な他者が関わりながら子どもが育っていくものである。父親、祖父母はもとより、近年は保育者が関わる比重も大きくなっており、保育者の役割の重要性が増しているといえる。

　生まれたばかりの赤ん坊は、自分という存在すらも理解していないのではないだろうか。しかし、生理的な欲求を満たしてくれたり、声をかけてくれたりする他者の存在を通して、自分という存在を確認していくように思う。様々な人との関わりにより乳幼児の豊かな成長が保障されていく。幼稚園教育要領、保育所保育指針、幼保連携型認定こども園教育・保育要領では、3歳以上の保育内容における「人間関係」のねらいを「他の人々と親しみ、支え合って生活するために、自立心を育て、人と関わる力を養う。」としている。つまり、将来一人の人間として自立し、社会

生活を営むための基礎を乳幼児期に育むことが期待されているのである。

第2節　愛着形成の重要性

1　愛着（アタッチメント）とは

　愛着とは、身近な人との間に結ばれる情緒的な結びつきである。愛着関係が形成され、深い信頼関係でつながっている人がいることがその後の成長に大きな影響を与えるといわれている。特定の養育者と愛着関係を形成することは、人間関係の基盤となるのである。

　愛着理論は、ボウルビィ（Jhon,Bowlby,1907～1990）が母子関係において安心感や信頼感を形成することが、子どもの発達において重要であると提唱したものである。ボウルビィの理論が誕生する以前は、乳児は無力で依存するだけの存在として考えられていた。しかしボウルビィの愛着理論では、乳児は主体的に他者との相互作用を求める社会的存在であるとしている。

　生後3カ月頃からは特定の人に対する反応が違ってきて、6カ月頃からは後追いや人見知りが始まる。乳児のこういった反応により、愛着の対象となっている養育者（多くの場合は親）はその子を愛おしく感じ、一層可愛がるようになることが多いようである。

3歳を過ぎる頃には、養育者を安全基地として探索行動に出るようになる。それにより遊びが広がり、より豊かな経験ができるようになるのである。万一困ったことがあった時には、安全基地である養育者の下に逃げ込めばよい。どのような状況で逃げ込んでも、必ず受け入れて安心させてくれる、という強い信頼があるため、少しずつ行動範囲を広げることができるようになるのである。また、特定の人以外の人、友達にも関わりを求めることができるようになってくる。逃げ込む場所がある、という安心感が子

どもの健全な育ちを支えることになるのである。

　このように愛着関係が形成されることにより、子どもの発達が保障され、子ども自身も意欲的に活動に取り組み、新しい人間関係を広げていくことになる。

2　養育者による育ちの違い

　愛着の対象者となる養育者の態度により、子どもの愛着行動に違いがあることをエインズワース（M.D.S.Ainsworth, 1913～1999）が実験により示している。エインズワースやその後の研究者によって、養育者の態度により子の愛着行動には①回避型、②安定型、③両極型、④無秩序型の4つのタイプがあることが分かっている。

　では、どのような養育態度によって①～④のようなタイプに分かれるのであろうか。

①回避型は子どもの働き賭けに対して拒否的に対応することが多い養育者である。また、子どもの行動を強く統制しようとすることが多くみられる。

②安定型は最も好ましい養育態度である。この場合の養育者は、子どもとの相互作用が調和的で、やり取りを楽しんでいる状況である。

③両極型は、子どもの要求より養育者の気分や都合に合わせた対応が多く、子どもの信号に応答するときもあればしない時もある、といった一貫性に欠ける状況である。

④無秩序型は、養育者が子どもには理解不能な行動を突然とる場合である。虐待の場合もこれに該当する。養育者の行動は子どもに恐怖感を与え、混乱を招くことになる。

　ただし子どもがどのような愛着行動を示すかは、養育者の行動と子どもの個性との相互作用である。子どもにも生まれながらの性格があり、のんびりした性格の子どももいれば、ちょっとしたことで泣き出す神経質な子どももいる。ゆえに、養育者の関わりだけを問題視するだけでは、

より良い愛着形成を促す援助は難しいのではないだろうか。

3 愛着障害の問題

　前述のとおり、乳幼児期は養育者との愛着関係を支えに自らの世界を広げていく。しかし、養育者との間に愛着形成がなされていない場合、子どもにとっての外界への探索活動が縮小するだけではなく、自分自身の内面に対する探索もできなくなる。安心や慰めを養育者に求めていても、応答してもらえないことにより子どもの心は傷つくことになる。愛着の形成がなされていないと、自分自身の内面である傷ついた心と向き合えなくなるのである。ホスピタリズムといわれる状況がその一例であろう。つらさや不安を慰めてくれる安全基地が無ければ、子どもの心は虚ろになり、表情や探索活動も乏しくなってしまうのである。

　様々な家庭環境により、不運にも親と愛着関係が結べない子どもがいる。保育者は、親と同様に安全基地になりうる貴重な存在である。ゆえに、将来の人間関係の基盤を作るために、安全基地として機能することが求められるのである。

第3節 コミュニケーション能力を育むには

1 「遊び」による育ち

　乳幼児は特定の養育者との愛着関係を基に、探索活動を広げながら成長していくわけであるが、探索の対象には当然のことながら人も入っている。自分の周りにいる身近な人から始まり、同じ年頃の子どもにも関心を持ち始め、関わり始めるのである。パーテン（M.B.Parten1902～1970）は子どもの遊びを社会性の発達に基づいて分類している。それをみると遊びによって人間関係が変化してくるのが良くわかる。生後すぐ

は「遊び」といった行動は見られないが、次第に一人で「遊ぶ」ようなしぐさが見られるようになり、その後おもちゃなどで「一人遊び」をするようになる。また、他者の遊びを傍観するという姿も見られるようになる。さらに成長すると、「並行遊び」「連合遊び」「協同遊び」というように遊びの形態が発展していき、5歳頃には仲間と話し合ったり、ルールを守ったりすることができ、小学校就学のころには集団での遊びを楽しめるほどに成長するのである。「遊び」の形態が変化していくのと共に、コミュニケーション能力も発達する。しかし、コミュニケーション能力が育つには、他者との関わりが必須であり、特に主体的な活動である「遊び」は、コミュニケーション能力を育む有力な方法といえる。

2 スマートフォンの問題

昨今の子育ての大きな変化にスマートフォンの出現があるだろう。スマートフォンが登場して10年ほど経過したが、今や1歳の子どもでも自分で操作している場面を見かけるほど、大人にも子どもにも浸透している。小学校の学習指導要領には、平成30年度からプログラミング教育が導入されることもあり、今後はさらに幼児期からコンピューター全般に関わる機会が増えることが予想される。論理的思考を育てるためのプログラミング教育であるが、幼児期から触れるには注意が必要である。特に操作が簡単なスマートフォンについては、コミュニケーション能力を育むという点においてそのデメリットを理解しておくべきであろう。

現状として、どのようにスマートフォンが使われているかといえば、残念ながら子どもを静かにさせる道具として用いられることが多いようである。特に、公共の乗り物や様々な場所での待ち時間に、スマートフォンやタブレット端末を用いて動画やゲームなどを見せて静かにさせる、といった親の姿を頻繁に見かける。このような姿について、親を責めても改善は難しいのであるが、人との関わりが薄くなることは否めな

いだろう。小学生で早くも子どものスマホ中毒に悩む親もいるというので、与え方によっては生活全体を狂わせかねないのである。それ以上に、養育者である親が、子どもからの発信に応えず、無視をすることを繰り返すと、子どもは発信することを止めてしまう。つまりコミュニケーションをあきらめるのである。これでは豊かなコミュニケーション能力が育つことを期待するのは無理であろう。

　以下に挙げるのは、保育者養成校の学生が街中で見かけた親子の姿である。

> **学生のレポートより**
>
> 2歳くらいの男の子と、30代くらいのお母さんを電車で見かけました。男の子は窓の外に興味津々で、景色を見ては「あっちー」などと声を出して指をさし、お母さんに何やら伝えたい様子でした。しかし、お母さんはスマホのゲームに夢中で、子どもの声に応じることはありませんでした。そのうち、男の子が少し大きな声でしゃべりだすと、「うるさい！」と強い口調で注意しました。その後男の子は、一人で外を眺めて独り言を繰り返していました。

　子どもが問いかけても、無視をしてしまう親はこれまでもいただろう。しかしスマートフォンの普及により、このような場面が急激に目につくようになってきている。このようなことが重なった場合、子どもの心やコミュニケーション能力がどのように育っていくのか心配な限りである。

第4節 保育現場における人間関係

1　保育者との関わり

　保育者は、乳幼児が家族以外に密接な関わりを持つ初めての大人である場合が多いのではないだろうか。時には、親よりも長い時間を保育者と

関わる子どももいるのである。保育は、保育者の質がそのまま保育の質に反映される部分が大きい仕事である。ゆえに、どのような保育施設であろうと、保育者は専門家としての意識を持ち、子どもが心から安心して生活できる関わりをしなければならない。乳幼児の

先生のそばは安心

愛着の対象となり、愛着関係が形成できるように、受容・共感の姿勢を持って子どもと関わることが重要である。子どもが安心できる安全基地になることを心掛けてほしい。

特に、親自身が子育てに困難な状況を抱えている場合には、保育者の存在は子どもにとって唯一の安全基地になるはずである。保育者との安定的な関わりが持てるようになると、子どもは安心して周囲に目を向けられるようになり、関わりの範囲を広げていくことができるようになる。保育者は子どもの拠り所になれるような人格と知識、何より人間的な優しさを持ち合わせていなくてはならないだろう。

2 子ども同士の関わり

幼稚園や保育所、認定こども園といった保育現場において、保育者との間に安心できる関わりが持てるようになった子ども達は、他の子どもに対して関心を示すようになり、人間関係を築き始める。たとえ乳児であっても、同じ空間で毎日生活をしているお友達に対して無関心ではいられないのである。同じおもちゃを持って、同じような動きをして、お友達を意識しながら遊んでいる場面は非常に微笑ましいものである。そこに人間関係の芽生えが感じられるのである。幼児期には、同じくらいの年齢の子ども同士が関わって遊ぶ機会が、子

仲良し

お母さんみたい？

どもの社会性やコミュニケーション能力を育てていく大きな要素になる。

　異年齢との関わりにおいても保育現場は重要な場所である。少子化の影響は、きょうだい数の減少や地域の子ども数の減少をもたらし、様々な年齢の子どもが一緒に遊ぶ機会の減少につながっている。「サザエさん」や「ドラえもん」のように地域で子ども同士が遊ぶ姿は、現代ではあまり見られない。そのような子ども同士の関わりの減少を補えるのは保育現場の特徴であろう。異年齢との関わりの良さの一つは、年下の子どもが年上の子どもの姿にあこがれたり、真似をしたりする機会がもてることである。もう一つは、年上の子どもが年下の子どもに対して、相手を思いやりながら接することで、年上としての自覚や自身が育つことである。時には年下のわがままに困り果て、時には年上の強さにかなわないこともあるだろう。いつも思い通りにいくわけではないという関係が、将来のコミュニケーションには重要な要素となる。

　ここでの経験は子どもの育ちにとって非常に重要で、泣いたり笑ったりしながら、子ども同士が自ら人間関係を作っていく経験を積むことができる。時には思い通りにならなかったり、友達とけんかをして悲しかったり、といった経験を通して、相手の気持ちを思いやる、ルールを守る、時には自分の意見をきちんと述べる力が育つのである。

【引用・参考文献】
　青木豊・松本英夫編著『乳幼児精神保健の基礎と実践　アセスメントと支援のためのガイドブック』岩崎学術出版、2017年
　大橋喜美子著『0・1・2歳児の保育の中に見る教育 子どもの感性と意欲を育てる環境づくり』北大路書房、2017年
　谷田貝公昭・原裕視編集代表『子ども心理辞典』一藝社、2011年

写真：筆者提供

（高橋弥生）

第2章 子ども理解の必要性

第1節 「子どもがかわいい」ではなぜだめか

1 保育者に求められる子どもの見方

　保育者を目指す高校生に「なぜ保育士になりたいの？」と質問をすると、「昔から小さな子と関わることが好きだったから」や「子どもがかわいから」といった答えを聞くことが多い。このような答えが多いために、あるときこの質問をした場に同席した年長者の方は、子どものことが好きではない人や子どものことをかわいく思うことができない人が保育の仕事につけるわけがないという率直な意見を表された。
　また、「子どもとの関わりで最も印象に残っているエピソードは何か？」と質問をすると、子どもと楽しく遊んだ経験や子どもが自分に笑顔を向けてくれた経験をあげた人が多かった。このような回答に対してもまた、先の年長者の方は、それはもちろん大切だが、保育者のやるべきことは毎日楽しく子どもと遊ぶこと以外にもあるのではないか、と自身の意見を忌憚なく表された。
　以上のような意見は少し手厳しいとはいえ、その年長者の方の意見を聞くことで、はっとしてその場で再度自らが保育者を目指す動機を考え直し、あるいは子どもと関わった場面について具体的に話し直すなど、自分の保育に対する思いを振り返ることができたのだから、そのように手厳しい意見を投げかけることは必要だったのだろう。
　ここで考えなければならないのは、なぜ初めの段階で他の人が納得す

る回答を示した高校生が多くはなかったのか、ということである。このような問いを立てると、おそらく多くの人は経験の欠如をあげることだろう。たしかに、先の年長者の方は、保育や教育に長年携わるなかで、子どもが癇癪を起こすとどうにも手がつけられないことを経験的に知っており、また、子どもがあっと驚く体験ができるにはどのような準備が必要かと日々心を悩ませてきた方であった。そのような自身の経験があるからこそ、「子どもがかわいい」や「子どもと楽しく遊ぶ」という思いだけでは保育者の仕事は務まらないと発言したわけである。この両者の間に経験の差があるのは歴然としている。

だが、実際のところ、現場体験を多く積みさえすれば考えが深まるわけでもない。毎日毎日何年間にもわたって保育に携わりさえすれば、自然と子どもと接するときの資質や能力が身に付くわけでもない。そのためには、先の年長者が手厳しい言葉を通して与えたように、自分の体験を振り返る機会を必ず設けなければならない。そのプロセスがどのように進んでいくかについて考えることが本章の目的である。

2 子ども一人ひとりをみる姿勢

その端緒として、まず初めに、なぜ「子どもがかわいい」だけでは保育者を目指す者として十分ではないのかについて取り上げたい。この点について考える材料として、幼児教育学者の汐見稔幸氏の著した次のような文章を読んでみよう。

> 日本人は幼い子どもを見ると、つい「かわいい」というようなほめことばを親におくりますね。知らない親子と外で親しくなったときにかけることばの代表はまず、この「かわいい」で、その次が「お母さんにそっくりね」ぐらいではないでしょうか。それ以外のことばはあまり聞いたことがありません。
>
> でもよく考えてみればその子どもを見ても—A男くんもB人くんもC恵ちゃんもD子ちゃんも—みんな「かわいい」ですますというのは失礼なことなのかもしれません。親にではなく、その子に対してです。その子をよく見てその子

> に本当にふさわしいほめことばを探すのではなく、どんな子でも通用するきまり文句を言っているにすぎないからです。〔汐見稔幸、2009年〕

　引用文からうかがえるとおり、汐見氏はなにも「かわいい」という思いを持つこと自体を否定しているわけではない。その思いはもちろん大切だが、あまりにもそれを多用し過ぎていることを懸念しているわけである。では、子どもに「かわいい」と言うだけではなぜ失礼なのか。その理由として汐見氏は、「その子をよく見てその子に本当にふさわしいほめことばを探すのではなく、どんな子でも通用するきまり文句を言っているにすぎないから」と記している。子どもに接する者の思いとして「かわいい」という気持ちが出るのはよいが、それでは子どものことをみていることにはならない。もっと子ども一人ひとりをじっくりと観察して、その子にふさわしい言葉を探す必要があるというのである。

　汐見氏のこの言葉は、先の年長者の方の意見と重なるところがある。この両者の立場に身を置くためには、まず第一に子ども一人ひとりに目を向ける必要がある。その上でさらに、子どもたちに対する自分の思いを見極め、どのように育ってもらいたか考えることが求められる。保育に携わる資格の有無は、そのように、「きまり文句」以上に踏み込んだ子ども理解・子ども対応ができるか否かにあると言えよう。

第2節 子ども理解に関する二つの方法

1　子ども一般に関する理解のメリットとデメリット

　だが、このように考えたことで、子ども理解に関する保育者のあるべき姿が見えたとは言えない。現段階ではまだ、「保育者は子ども一人ひとりを見るべきである」ということを確認しただけで、子どもの一体どこをどのように捉えればよいかについて視野が開けたわけではない。そ

こで、続いて、保育者が子どもを理解するときのあるべき姿について考えてみたい。

　大きく分けると子ども理解としては次の二つがあげられる。一つは、子どもの発達に関する知識を獲得することである。保育者養成校の授業では「発達段階」というキーワードで学ぶことが多い。これは、心理学者や教育学者の研究成果をもとにして、多くの子どもに共通する一つのモデルを示したものである。子どもの様々な能力の発達について、年齢・月齢に沿って説明されることが多く、保育者を目指す者が獲得しておくべき基礎的知識として位置づけられる。ここでは、運動／コミュニケーション（言葉）／生活／遊びの四分類に基づく発達段階表を示しておく（**図表2-1参照**）。

　図表2-1に示したような発達段階の図式を通して子ども一般に関する理解を得られることは、子どもと接した経験の少ない保育の初学者にとっては大きなメリットになる。年齢・月齢ごとに発達の違いについて大まかに学べることにより、保育者として活動を設定するときや、子どもの発達に不安や疑問をもつ保護者に対応するときの一つの目安になるからである。

　一方で、デメリットも存在する。このような図式に捉われると、保育を行う上で様々な問題が生まれてしまうことになる。主な問題として、第一に、発達の進み具合を気にし過ぎることにより、ゆっくり成長・発達する子のことを問題視してしまうこと、第二に、子どもの姿から保育の活動を設定するのではなく、逆に保育の活動に子どもを当てはめようとしてしまうこと、以上二つがあげられる。保育者が発達段階の図式にとらわれていると、例えば「4歳であれば集団遊びができ始める年齢だから、できるだけ一人で遊んでいる子がいないように友だちのところに連れて行ってあげよう」だとか、「5歳であればバランス感覚が身についているはずだから、このサーキット運動をすることにしよう」だとかと考えてしまうことになる。これらの考えのどこが誤っているのだろう

図表2-1 子ども発達段階の図式

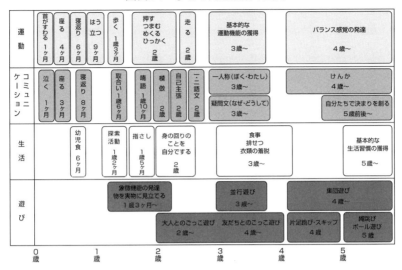

出典:筆者作成

か。先に取り上げた汐見氏の文章に記されていたことを思い出せば、それは自ずと理解できるはずである。つまり、このどちらも、子ども一般の理解が先に立って保育が計画されてしまっているのである。年齢や月齢における発達の在り様を踏まえるのは大変重要であるとはいえ、保育者は子ども一人ひとりの発達の違いやそれぞれの興味・関心の多様さにも配慮しなければならない。保育者を目指す者の学びは、"発達段階等に代表される子ども一般に関する理解"と"自らが接した子ども一人ひとりに関する理解"の双方が相互補完的になされていく形で進んでいくことが理想である。

2 保育者を目指す者の歩む学びのプロセス

どちらか一方だけでは不十分であるというのは、突き詰めて考えるならば人間の在り方に関わる話につながっていくことだろう。頭でわかっていること(わかったつもりになっていること)は、自分の心と体をもって体験することによって初めて自らの生きた経験となる。経験と体験の

違いについて論じた哲学者の森有正は次のような言葉を残している。

> 経験というものは、体験ということとは全然ちがう、という意味のことを前に書いたが、その根本のところは、経験というものが、感想のようなものが集積して、ある何だか漠然とした判ったような感じが出て来るというようなことではなく、ある根本的な《発見》があって、それに伴って、ものを見る目そのものが変化し、また見たものの意味が全く新しくなり、全体のペルスペクティーブが明晰になってくることなのだ、と思う。したがってそれは、経験が深まるにつれて、あるいは進展するにつれて、その人の行動そのものの枢軸が変化する、ということももちろん意味している。［森有正、2012年］

　以上の内容を保育者の子ども理解にあてはめるならば、保育者を目指す者の子ども理解は二段階で進むことになる。まず初めに保育者を目指す者は、子ども一般の発達に関する理解を獲得し、それと並行して、子どもと接する体験を積んでいく。これが第一段階である。続いて第二段階として、理解と体験が獲得されるとともにそれらの内実を捉え直そうとする意志が働くことで、これまでに蓄積されてきた保育実践者や研究者など多数の人々の子ども理解を自らの体験の中に感じ取れるようになる。森のいう「ものを見る目そのものの変化」とは、理解と体験が合致することにより、最終的に自分の子どもに対する見方そのものが変化することを指している。なぜ子ども一般に関する理解を獲得するだけでは十分ではないのか。その理由は、教科書に出てくる用語は子ども一人ひとりの姿に共通する事象を引き出してまとめたものにすぎないからである。具体的な現実を一般化して、多くの子どもたちにあてはまる発達の在り様を表す種々の専門用語は、子ども理解を獲得する手立てとしては実に手っ取り早い。だが、その意味するところを理解するには現場での体験を必要とする。これは、"体験なくして「わかる（理解する）」ということが人間には全くあり得ない"ということを証しているといえるだろう。

　これまで述べてきた理解と体験の合致は保育者として働く限り求めら

れる行いである。とはいえ、それはいつでも自分一人だけでなし得るとは限らない。現場で保育者同士のカンファレンスが行われるのは、子ども一人ひとりの特徴をできるだけ偏りなく把握し、自分にはない視点に基づく理解をもつためである。子どもの発達特性や個々の対応について、ベテラン・中堅・新人の保育者がそれぞれ意見を出し合うことにより、それぞれ自らの子ども理解を捉え直し、経験の違いに由来する異なる見方を獲得する。保育者の仕事がこのように自他の経験を共有する場に身を置くことによってさらに広く深い子ども理解を獲得していくものである以上、養成段階の学生はいっそうこのプロセスを自覚的に歩むことが求められるといえよう。そのように考えるとき、他の人の経験は自分の経験と子ども理解の不十分さを補ってくれる貴重な資源となる。

図表2-2　学びのプロセス

```
┌─────────────────────────────────────────────┐
│          保育者としての資質・能力の獲得           │
│                                              │
│ ・子どもに関する種々の理解を、自らの現場体験から捉え直す │
│ ・自らの現場体験の意味や課題を、子ども理解に関する学習から捉え直す │
└─────────────────────────────────────────────┘
                      ↑
                   保育者
                   と
                   し
                   て
                   の
                   成
                   長

┌──────────────────────┐      ┌──────────────────────┐
│    子どもに関する理解      │      │     現場体験の獲得       │
│                        │      │                        │
│・発達心理学者（ピアジェ、    │←相互補完→│・幼稚園、保育所、子育て支援  │
│ エリクソン、ハヴィガースト   │      │ センター等における       │
│ 他）による発達段階論       │      │ 子どもとの関わり        │
│・子どもの発達（運動・       │      │・現場体験に関する振り返り（  │
│ コミュニケーション・言語・   │      │ 実習ノートの記録、       │
│ 生活・遊び）             │      │ 映像撮影、保育カンファレンス）│
│・保育技能（絵本の読み聞か   │      │・保育者養成校における保育現場 │
│ せ、手遊び、音楽表現、声か  │      │ の模擬体験（絵本の読み聞か  │
│ け、保育者の態度）        │      │ せ実習、主活動の模擬保育）  │
│・子ども観の変遷（「小さな大人」│      │・現職の保育者、経験者による  │
│ →「保護対象としての子ども」 │      │ 講演                 │
│ →「権利主体としての子ども」）│      │                      │
└──────────────────────┘      └──────────────────────┘
```

出典：筆者作成

第3節 子ども一人ひとりを理解するとは？

"体験なくして人間が何かを「わかる」ことはない"ということについて、最後に実習での現場体験に焦点をあてて考えてみたい。以下に示したものは、ある実習生の日誌の記録である。

> 今日初めて全日実習をやらせていただきました。制作では、初めて子どもの前に立って行ったこともあり、緊張で手順や順序などがなかなか指導案通りに進みませんでした。特に、のりのつけ方の説明をする前に、用意していた紙を配ったことが原因で、きょろきょろする子や友だちと話す子が多くなってしまいました。授業では「子どもたちの立場に立って考える」と習いましたが、ようやくその意味がわかりました。今後は、どのような手順で活動を行うべきか深く考えていきたいです。

この実習生は「子どもの立場に立つ」ことがなぜ大切であるかについて、実習での現場体験を通して初めてわかったと述べている。このことは、子どもの発達に限らず、絵本の読み聞かせのポイントや子どもへの声かけの仕方など、多くの事柄に当てはまる。「わかったつもりになっていること」を「本当にわかっていること」に変えるためには、前頁**図表2-2**に示したように、理解したことを自分の体験の中で実践していくことが必要である。書物や映像、講演等で獲得した理解について実体験を通して一つひとつ確認するとともに、明確に意味づけされていない自らの体験を実習日誌や映像記録、あるいは実習反省会を通して捉え直すことによってこそ、子ども理解は更新されていくといえよう。

【引用・参考文献】
汐見稔幸『子育てはキレない、あせらない』講談社+α文庫、2009年
津守真『子どもの世界をどうみるか―行為とその意味―』NHKブックス、1999年
森有正『遥かなるノートルダム』講談社学芸文庫、2012年

（宮本浩紀）

第3章 子どもを取り巻く環境の問題

第1節 子育ての時代的背景

1 江戸時代〜第二次世界大戦までの子育て

　現代のように家庭での子育てが重要視されるようになったのは第二次大戦以降である。江戸時代までは、「教育」ということばすらなかった。多くの親は農業で生計を立てていたため、親が仕事をしている間は、子どもは近くの木などに縛り付けられ、ほとんど野放しの状態で育てられていたのである。私たちが聞き覚えのある「寺子屋」は、「読み・書き・そろばん」を指導してもうらうために商人の子どもが学ぶ場であり、「藩校」は、武士の子どものための私塾であった。

　そのような中で、日本の近代学校制度の始まりとして、明治5年に「学制」が制定された。この制度により教育はすべての子どもに義務化されたが、貧民の子どもは学校に通えない状態にあった。貧民の子どもたちは幼いときから「丁稚奉公」に出され、親元で暮らすことすら許されない状況にあったのである。大正期に入ると、一部で「児童中心主義」の考えが叫ばれたが、皇国主義の風潮の中で、子どもの真の幸せは追求されなかった。

2 戦後の子育てと少子高齢化

　戦後、児童福祉法の制定（昭和22年）とともに、子どもたちの「最善の利益」が叫ばれるとともに、子どもを健やかに育てたいという意識が

高くなった。しかし、現在の子どもたちを取り巻く環境も多くの問題が山積している。そのひとつの問題として少子高齢化がある。

平成27年度の合計特殊出生率は、1.46である。合計特殊出生率は、第二次ベビーブーム（1971年〜74年）を境に下がりつづけており、日本の人口は、2048年ごろ（30年後）には1億人を下回ると予測されている。そのうち、65歳以上の割合は39.9%、14歳以下の割合は9.1%である。この割合からいくと、一人の大人が一人の高齢者の負担をしなければならない。

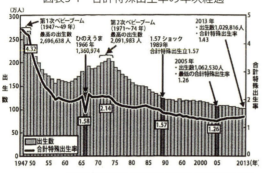

図表3-1　合計特殊出生率の年次経過

出典：「教育職員免許法施行規則」を基に筆者作成

このように出生率が低くなっているにも関わらず、保育所の待機児童問題が解消しないのなぜだろうか。その大きな要因として、出産しても就業を継続する女性が増加していることがあげられる。**図表3-3**を見てほしい。出産前に働いている女性（出産前就業）の割合とともに、出産後も働いている女性（就業継続）の割合も、年を追うごとに増加していることが分かる。政府は、保育所入所にかかわる待機児童の削減のために、様々な施策を打ち出している（保育所定員の緩和、幼稚園での時間外保育〈いわゆる「預かり

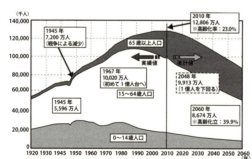

図表3-2　平成27年度少子化の状況及び少子化への対処施策の概況（少子化社会対策白書）内閣府

資料：実績値（1920〜2010年）は、総務省「国勢調査」、「人口推計」、「昭和20年人口調査」、推計値（2011〜2060年）は国立社会保障・人口問題研究所「日本の将来推計人口（平成24年1月推計）」の中位推計による。
注：1941〜1943年は1940年と1944年の年齢3区分別人口を中間補間した。1945〜1971年は沖縄県を含まない。また、国勢調査年については、年齢不詳分を按分している。

出典：「教育職員免許法施行規則」を基に筆者作成

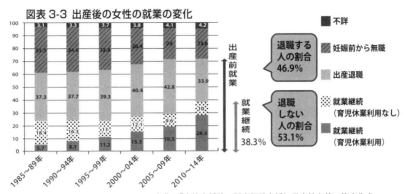

出典:『家族支援論・保育相談支援』学文社を基に筆者作成

保育」〉、小規模保育所や事業内保育所の新設推進、など)。しかし、待機児童問題はなかなか解消しない。その理由は、育児休暇制度の充実や女性の社会的地位の向上といった、女性の就業継続も大きく関与していると考えられているのである。私たちは、このような社会的な環境を踏まえながら、「子どもの最善の利益とは何か」について考えていかなければならない。

第2節 現代社会の中での子どもを取り巻く問題

1 情報化社会

現在は情報化社会と言われている。皆さん方もスマートフォン等にLINEなどのアプリケーションをインストールし、日常的に使いこなすことが慣例化しているのではないだろうか。また、そのようなやりとりが仲間関係に大きく関与してしている現状が見受けられる。

このような情報化社会の現象は、世界的に見られる。政府は世界的なこのような流れに遅れをとらないように、教育の中にも「情報化」の導入を推し進めてきた(以下参照)。

> ①「e-Japan 戦略」(2001)で、"概ね全ての(幼小中高の)教員がコンピュータ等を使って指導できるようにする"ことを目標とする。
> ↓
> ②「IT 新改革戦略」(2006)で、"コンピュータ等を使って指導できる"基準を明確にするためのチェックリストを作成。
> ↓
> ③教育の情報化ビジョン(2011)に伴い、学校内の情報機器が整備される。小中高等学校等では、電子黒板やタブレット型コンピュータ、そしてデジタル教科書等が相当数の割合で増加。

　日本の小中学生は、世界的に見ても、読解力や科学的・数学的なリテラシーは非常に高いとされている。一方で、パソコンなどを用いて授業以外の時間に調べ学習をする時間は非常に低い。(OECD:「国際生徒評価プログラム〈Program for International Student Assessment, PISA〉:2015)。この結果を受けOECDは、「個人のリテラシーと教育の情報化に相関はない」という報告をまとめている。しかし、AI・IOT・ロボティスクなどの第4次産業の波は、確実に日本にも影響を及ぼしている。そして、この波は、「2020年度以降の小学校における『プログラミング教育』の必修化(予定)」という形を生み出した。それではこのような情報化社会は、保育の世界にどのような影響を及ぼしているのだろうか。

> **保育者の情報機器に対する技術の必要性**
> 1　2000年より幼稚園教諭免許状における情報科目の必修化(情報機器の操作)。
> 2　2002年、報告「幼稚園教員の資質向上について-自ら学ぶ幼稚園教員のために-および2014年「幼稚園施設設備指針:第2節　幼稚園施設設備の課題への対応」(文部科学省)において情報化及び情報通信技術　取得の必要性を打ち出す。

　乳幼児の保育は、生活や遊びを通した総合的な指導を通して行われることが原則とされている。しかし、一部の実践において、日常の保育の中に情報機器を工夫して取り入れることにより、以下のようなメリットを生み出すことも報告されている。

・グローバルな感覚を磨く、コミュニケーションを楽しむ

・正しい知識を深める

・表現力、思考力、発表力を高める

・社会性、道徳心を高める

・先進性、創造性を生み出す

　つまり、インターネットなどの情報を適切に環境構成に取り入れることにより、通常では触れ合うことができない遠方の人々や諸外国の友だちなどとの交流を促進する、高齢者や障害のある人などの多様な人々への理解につながる、などの結果が報告されている。また、視覚的聴覚的なメディア媒体は、"知らないもの"に対する興味や意欲を喚起し、創造性を育むことも述べられている。

　一方、乳幼児期からの情報機器の使用は、身体的な影響（脳や視力など）や外遊びの減少（五感で感じる機会の減少）につながることが述べられることも多い。保育者は、保育の中に情報機器を取り入れる際には、常に地域社会の状況、子どもの成長発達や興味関心などに配慮し、注意深く取り入れることが必要になるだろう。

　なお、2018年度より施行の幼稚園教育要領や保育所保育指針では、次のような情報化の活用が打ち出されている。

①5領域それぞれの保育方法について、ICTなどの活用を考慮する。

②保護者の園理解の一つの方法として、ドキュメンテーションやポートフォリオ（写真など）を活用した方法を工夫する。

③研修などに情報機器（写真や動画など）を活用し、子ども理解を深める。

④事務作業の中にAI（コンピュータ）を活用することで、事務作業の効率化を図る。

　保育者は、情報機器を活用することにより、子ども理解、子育て（保護者）支援活動を深め、事務効率の効率化を図っていく必要がある。

2　多様化と子ども

　近年、「自分とは異なった立場の人」や「自分とは異なった考えの人」が周囲に多くなったと言われている。では、保育の世界にはどのような子どもや保護者が存在しているのだろうか。

(1) 貧困の子ども

　日本は戦後の高度経済成長を経て、1960年代～70年代には「一億総中流社会」と言われていた。しかし、現代では世帯間における所得の格差は拡大し、生活保護家庭も増加している。この理由の一つとして、シングルマザーなどひとり親家庭の増加、なども考えられる（図表3-4）。

　そのような子どもや家庭を支援するため、近年は園（幼稚園、保育所、認定こども園）への期待は大きくなっている。また、少しずつではあるが、福祉的な活動も広がっている。例えば、「子ども食堂」もそのひとつである。「子ども食堂」とは、保護者と一緒に夕飯を食べることができない（孤食）、貧困のために満足な食事を摂ることができない、などの子どもたちのために、無料の食事と"居場所"を提供する試みであり、実施者は、個人、NPO、大学、など様々である。貧困は保護者のプライベートな部分に触れることが多いため、一朝一夕に解決することは難しい。しかし、このような地域の草の根的な活動が未来に通じていく。私たちは「地域で子どもを育てる」という考えをさらに広めていく必要がある。

(2) 病気や障害がある子ども

　「病気や障害がある子どもについて」は第14章を参照されたい。

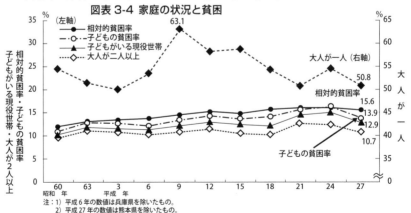

図表3-4　家庭の状況と貧困

注：1）平成6年の数値は兵庫県を除いたもの。
　　2）平成27年の数値は熊本県を除いたもの。
　　3）貧困率はOECDの作成基準に基づいて算出している。
　　4）大人とは18歳以上の者、子どもとは17歳以下の者をいい、現役世帯とは世帯主が18歳以上65歳未満の世帯をいう。
　　5）等価可処分所得金額不詳の世帯員は除く。

出典：平成25年国民生活基礎調査の概況厚生労働省

図表3-5　在留外国籍の子どもの年齢別年次推移

出典:「在留外国人統計」
法務省を基に筆者作成

(3) 外国にルーツを持つ子ども

　近年の国際化に伴い、日本に在留している外国籍の子どもや、外国から帰国した日本籍の子どもの数が増加傾向にある（**図表3-5参照**）。自国での生活経験も乏しい乳幼児が異国の地で過ごすことは、大きなストレスがある。例えば文化や風習（考え方・食事・宗教など）の異なり、学習形態の違いなどに戸惑いを感じることも多い。しかし、適切な配慮により、早期に適応していくことも可能である。

　一方、心配なのは保護者である。これまでと異なった文化や風習、慣れない言葉に相当なストレスを感じる。保育者にとって保護者は、子どもの家庭での様子を知る上で密接な連携が欠かせない。そのような中で、保護者自身を一人の人格として捉え、その不安や悩みに寄り添い、一緒に考えていくという「家族支援」も現代社会においては必要不可欠となっている。例えば言葉も、全く通じない場合があるかもしれない。しかし、身近に辞書を置き、インターネットで国について調べ、時には印刷したものを見せるだけもいい。そのような「あなたのことが知りたい」という姿勢が、信頼関係を築く基盤となっていくのである。

　保育者は、地域の一番身近な存在として、外国にルーツを持つ子どもとその保護者の「安全基地」となる必要がある。

(4) 虐待を受けた子ども

　児童相談所への虐待の相談件数は、平成26年度には88,931件となり、20年前の45倍、10年前の2.6倍となっている。また、社会保障審議会児童

部会の「子ども虐待による死亡事例等の検証結果等について」によると、平均、年に55件の虐待による死亡がある。虐待の多くは実の父母によって行われる。虐待は「その場限り」の傷では済まされない。生涯にわたってPTSDの症状に苦しめられる可能性も高いことから、絶対に防がなければならない。そのためにも保育者は、①児童虐待の発生予防、②早期発見・早期対応、に配慮するとともに、③子どもの保護・支援、保護者支援に努めなければならない。

　虐待の原因は、①産前産後の心身の不調、②妊娠・出産・子育てに関する悩み・不安、③思い通りにならないいらだち、などである。少子化や核家族の増加により、保護者は「相談できる身近な人」がいない場合も多い。そのような場合、"どうして自分だけ"、"この子さえいなければ"という思いに至ってしまう。保育者は、在園児はもちろん、地域の子育て中の保護者に対し、気軽に子育てが相談できる機会や保護者同士の交流の機会（子育て広場、子育てカフェなど）を作ることで、保護者の不安に耳を傾け、保護者自身が「悩んでいるのは自分だけではない」ことを気づく機会を作ることが必要である。

　また、日々の保育の中（着替えや排泄、登園降園、遊びの時間など）で子どもや保護者の"ちょっとした変化"を敏感にキャッチする必要がある。また、園内にチェックリストを作ることで、虐待の早期発見につなげるなど、園内の全職員が虐待に対する高い意識を持ち、対応していく必要がある。

【引用・参考文献】
秋田喜代美著『秋田喜代美の写真で語る保育の環境づくり』ひかりのくに、2016年
秋田喜代美ほか著『貧困と保育』かもがわ出版、2016年
柴崎正行編著『保育方法の基礎』わかば社、2015年
副島里美「保育方法としての情報機器導入に関する検討」岐阜聖徳学園大学教育実践科学研究センター紀要15号　pp.127-134、2015年
成清美治ほか編『家庭支援論・保育相談支援』学文社、2017年

（副島里美）

第4章 遊びと人間関係

第1節 遊びの発達と人間関係

1 幼児教育の中の「遊び」とは

　幼児教育における「遊び」とは、単にふざけたり、笑いながら楽しむ行為を指すのではない。真剣にどんぐりの数を数えることも「遊び」であり、歯を磨いている途中で鏡の中の自分の動きに興味を示すことも「遊び」である。着替えをなんとか自分でやり遂げようとして衣類と格闘すること、まだうまくスプーンを使えない子どもが手でつかんだたべものをわざわざスプーンにのせてから口に運ぶこともまた「遊び」と呼んでよいだろう。

　幼児期における「学び」「生活」「遊び」は明確に区別できるものではなく混然一体となっている。幼児教育における「遊び」とはこれらをすべて含む広い概念として捉えるべきである。「遊び」に共通することは子ども自身が「楽しんで」行っていること、学びの芽生えがあることである。ここでの「楽しさ」とは「充実感」と言い換えることもでき、「学び」とは算数や読み書きのようなことではなく、子どもに何かしらの気づきや成長をもたらすもの全般を指している。

　「遊び」の原動力となっているのは「楽しさ=充実感」であり、その「楽しさ」を子ども同士で共鳴することでさらに遊びが展開してゆく。その過程で生ずる他児とのやりとりが子どもの社会性の発達の基礎となっているのである。

2　乳児期の子どもの遊び

　乳児期の遊びは探索活動を通して繰り広げられる。ハイハイができるようになるとどんどん自分の世界を広げてゆき、母親や保育者との1対1の関係から、たくさんのモノや、他児との関係もつくっていく。モノと出会えば、その驚きやうれしさを身近な人に伝えたくなり、言葉にならなくてもその思いを喃語や身振りを使って伝えようと積極的にコミュニケーションをとろうとする。したがって保育者はこのような子どもの思いに応答的に対応することによって、子どもは充実感を深め、またさらに新たな事柄を伝えようと意欲的に生きることができる（**事例1**）。また他児の存在に気づくことで、顔を見合わせて笑いあったり、他児の真似をしてみたり刺激を与えあう。**事例2**のようにただ積み木を鳴らし合うだけのやりとりもうれしくて、友だちと一緒であることの楽しさを徐々に学んでゆく。

> **事例1**　ユキナ（9カ月）はハイハイをして、盛んに部屋中を探索するようになった。おもちゃが並ぶ棚のところへ近寄って、ピンクの色水が入ったペットボトルを見つけると保育者の方を向いてにっこり笑った。保育者が「ユキちゃんの好きなピンクだね」と応えると、つぎはその向こう側にあるボールに手をかけて、やはり保育者の方を向いてにこりと笑った。保育者が「ボールがあったね」と返すと、再びピンクのペットボトルに手をかけて保育者に微笑んだ。

> **事例2**　0歳児クラスのコウタとミナトは床で積み木のおもちゃを前にして遊んでいた。コウタが両手に積み木を持ってカチカチと胸の前で打ち合わせた。するとミナトも片手で積み木をつかんで床に打ちつけて、カチカチと音を立てた。コウタは「キャッ」と笑って、さらに両手の積み木を打ち合わせる。ミナトも笑いながらそれに合わせて片手で持った積み木を再び床に打ち付ける。コウタとミナトは互いに興奮しながら積み木をカチカチと鳴らし合った。

3 幼児期の子どもの遊び

パーテンら（1943）は子どもの他者との相互交渉の仕方を観察し、**図表4-1**のように6つに分類し、年齢とともに遊び方が変化することを示した。2・3歳児では1人遊び、傍観的行動、平行遊びが多く、それ以降では連合および協同的遊びが増加するといわれている。年齢とともに他児との関わりが多くなり、遊びそのものも複雑になってゆき、一緒に遊ぶ人数も2～3人であったのが、多人数でも遊ぶことができるようになる。しかし5歳児で1人遊びや傍観的行動が多いからといって発達が遅れているわけではない。子どもによって遊び方の趣味は様々であり、細かな製作が好きなために1人で作業に没頭する子どももいる。また傍観的行動も単に遊びに参加できない場合もあれば、他児の行う遊びの成り行きを見守りながら、自分ならどうするか作戦を頭の中で練っている場合もある。

複数の子どもと遊びを共有することは遊びをより楽しくするだけでなく、一人ではうまくできなかったことが友達のアイデアで実現できたり、もっと大きなことにチャレンジする勇気を得たりすることができる。しかし一方では自分のやりたいことと仲間のやりたいことがかみ合わないなどの問題も引き起こす。自分の思いばかりを主張し過ぎると仲間外れ

図表4-1　パーテンらの遊びの類型からみた相互交渉の様子

	遊びの類型	相互交渉
1	何もしていない行動	何もせずに、興味があるものがあれば見る。
2	1人遊び	近くで遊んでいる子どもとは異なるもので1人で遊んでいる。
3	傍観的行動	他児の遊びを見ている。 声をかけたりはするが遊びそのものには入らない。
4	平行遊び	子どもは同じ遊びをしているが、それぞれの子ども同士の関わりはなく、同一の遊びが平行している状態。
5	連合遊び	他児と遊ぶが、役割分担するなどは見られない。
6	協同的遊び／組織的遊び	何らかの目的のもとに、組織化されたグループで遊ぶ。仕事や役割の分担がある。

出典：[Parten,M.&Newhall,S,M.1943] を参考に筆者作成

にされたり、他児の言うことばかり聞いているとやりたくない役割を押し付けられることもある。仲間と一緒に遊ぶことは、子どもがその社会でどのようにふるまうべきかを学ぶ重要な機会である。

第2節　遊びのなかの人との関わり

1　友だちとのぶつかり

(1)　**自己主張と自己抑制**

　自我が育ち自分のやりたいことがはっきりしてくると、友だちとぶつかることも多くなる。2歳頃は自分の思いを言葉で伝えることはまだ難しく力ずくになってしまうこともよくある。したがって保育者が仲立ちして両者の気持ちを代弁するなどの手助けが必要となる。このとき保育者は保育者自身の考えを押し付けることにならないように注意しなければならない。まず子どもが自分自身の思いを意識できるようにすること、相手の思いが自分とは異なることを理解できるように支援することが重要である。子どもにとって自分の思いを保育者に充分に受け入れてもらえるという経験は、相手の気持ちを受け入れられるようになるための基盤となる。相手の思いに気づき、自分の思いを抑制し、相手の気持ちを尊重できるようになるには、まず十分に自己主張できる環境がなければならないのである。

(2)　**遊びの中の主従関係**

　3歳以降になるとグループをつくりごっこ遊びが盛んに展開されるようになる。それぞれの子どもの性格が際立ち、ある子どもは他の子どもに指示を飛ばして、「〇ちゃんは☆を持ってきて！」「〇くんは☆の役をして！」と命令し、まわりの子どもは常にそれに従わされるという場面が見られることもある。最初はそれでも楽しく遊びが進行するが、このような主従関係が固定してしまうとまわりの子どもは遊びがおもしろく

なくなってしまう。遊びに参加するのをやめるか、時には異議申し立てを行うことになる。**事例3**はサクラが仲間と一緒にその遊びを続けるためには何らかの譲歩が必要であるということを学ぶきっかけとなった例である。また、サクラがめげずにまわりの子どもたちとの関係性を修復しようと努力できたのは、仲間と一緒に遊びたい、その遊びを再びやりたいという気持ちが強かったからである。子どもにとって仲間と一緒に遊ぶ「楽しさ」は自己制御を行うための大きな原動力になっているといえる。

> **事例3** 4歳児クラスのサクラとヒメカを含む仲良しグループが保育室でお花屋さんごっこを行っていた。大型積み木を組み合わせてカウンターを作って、そこに造花を並べてお店に見立てた。お客さん役のヒメカがカウンターの前で「チューリップ3本ください」というと、お花屋さん役のサクラがハサミで花の茎を切るふりをして、新聞紙で巻いて「はい、500円です。ありがとうございます」といいながらお客さんに渡した。3日前から盛り上がっている遊びだがお花屋さん役はいつもサクラが独占していた。3人くらいのお客さんが来ると花は売れ切れてしまい、サクラはお客さんに向かって「花が売れ切れたから返して〜」と叫んで、カウンターに戻すように指図した。ヒメカと他のなかまもお花屋さん役をやりたくてサクラに交替するように頼んだが、サクラは「フラワーデザイナーにならないとお花屋さんになれないの！」と言って交替してくれなかった。ヒメカらはあきらめて別の場所でケーキ屋さんを始めた。ケーキ屋さん役とお客さん役を代わり番こで楽しんだ。一方お花屋さんはお客さんが誰もいなくなって遊びが成り立たなくなってしまった。サクラはしばらくカウンターの中で黙って立ってひとりでいたが、ついに「お花屋さんやっていいよー」と叫んだ。しかし、ヒメカらはサクラの誘いに応じなかった。翌日、いつものようにお花屋さんごっこが始まると、サクラはヒメカらにお花屋さんの役をすすんで譲った。

(3) ルールや決まりを守る

　サッカー遊びや鬼ごっこのようにルールを守ることによって成立する遊びがある。だれかがルールを無視したり、都合の良いようにルールを変えてしまうと遊びはおもしろくなくなってしまう。また勝敗のある遊びでは、勝敗がなかなか決まらなかったり、どちらかがいつも負けてばかりではやはりおもしろくない。子どもたちはどうすれば公平に遊びを続けることができるか考え、もっと遊びをおもしろくするためにルールを考えるのである。自分だけでなくみんなが一緒に楽しむことができなければ遊びは発展していかない。そして自分たちで決めたルールは主体的に守ることができるようになってゆくのである。事例4はそんなやり取りの一部である。

> **事例4**　5歳の男子グループが園庭でサッカーを始めた。ゴールは普段落ち葉などを集めて入れておくための樹脂のコンテナを横向きに置いて代用したので、キーパーがゴールの前に座るとほぼコンテナがふさがってしまった。Bチームが奇跡的に最初の1点を決めた後、Aチームのキーパーはそれ以上点をとられないようにゴールの前に隙間なくはりついてしまった。Bチームのメンバーが「そんなことしたら、ぜったいにゴールできないよ。ずるい！」と抗議した。Aチームのキーパーは「Bチームもゴールの前にはりつけばいいだろ」と言い返したので、Bチームのキーパーもゴールの前にピッタリはりついた。結局そのあとはどちらも点が入らないままになり、Bチームのメンバーが「ゴールできないとおもしろくないよ。キーパーはゴールにくっついたらいけないことにしようよ」ということになり、ゴールの手前に線を引いてそれよりもセンター側でキーパーが守ることになった。Bチームがさらに1点を入れて2対0になったとき、Aチームのメンバーが「やっぱりゴールにはりついてもいいことにしようよ」と言い出したので、Bチームは「それじゃ、また点が入らないよ。負けてるからって、そんなのなし」と阻止した。

(4) 子どもの葛藤と遊びの充実

このように子どもが遊びの中で経験するトラブルやいざこざ（＝葛藤）場面には、子どもが自己主張する力、自分の欲求を抑えて他児の気持ちを受け入れる力、問題を乗り越えようとする力などを育むチャンスがたくさんある。保育者はこのチャンスをうまく活かして子ども同志の人間関係が深まってゆくように援助しなければならない。子ども同志のいざこざを保育者がネガティブに受け止めて未然に防ぐようなことをしすぎると、せっかくのチャンスを失いかねない。

また子どもたちが困難を乗り越えて葛藤を解決するためには、「なかまと一緒に遊ぶことが楽しい」という思いを子どもが強く持っていることが前提となっている。遊びを充実させるためには仲間の存在は欠かせないし、仲間意識が高まるとさらに遊びが充実していくのである。

2　模倣あそびの中で見られる子どもの育ち

4・5歳児になると言葉の発達も進み、この時期のごっこ遊びは大人顔負けのセリフが飛び出してくる。子どもたちはごっこ遊びの中で、現実世界と虚構世界を融合させた独特の状況を演じている。たとえばままごと遊びで役を演じる場合、現実世界のお父さんやお母さんの行動をモデルにして、こういう場合はお父さんはこうするとか、お母さんはこう言うとか、子どもなりに解釈して演じているといえる。またいつも食事をこぼしてお母さんに叱られることの多い子どもが、ままごと遊びでお母さん役を演じるときは「ぽろぽろこぼさないで、お茶碗を持って食べなさい」と子ども役の子に注意することもあれば、弟のおもちゃを取り上げて泣かしてしまうことが多い子どもが、ままごと遊びの兄弟役では「はい、これ使っていいよ」と模範的な兄の優しさを演じることもある。これは実際の生活場面をモデルにしながら、現実の自分とは違う「こうあるべき」自分の姿を理解しながら演じているといえるだろう。

3　遊びの中の協同性

　5歳頃になると持続的な遊び集団が形成され、自分たちで目的を持ってそれを実現してゆこうとする。積み木を高く積み上げてお城をつくるとか、大きな砂山を作ってトンネルを掘るというようなこれまでの経験からある程度見通しのつく目的や、「香水を作ってみたい」というような生活の中のふとした好奇心から湧き出る未知の目的などさまざまである。未知の目的を共有するためには、言葉で話し合って具体的に考えを伝え合う作業が欠かせない。香水をつくるにはどうしたらいいか、レモンの皮を水につけてみようか、いい香りのする花を瓶に詰めてみようか……。目的が共有できたら次は大人に「レモンや瓶が欲しい」と交渉する必要があるし、あるいは誰が家からレモンや瓶を持ってくるかなどを段取りして、役割分担する必要がある。水とレモンでは数日で腐ってしまうという問題を乗り越えるために大人に相談することもあれば、街の香水屋さんに聞きに行ってみることもある。このように子どもたちは目的を実現させるためにアイデアを出し合い、友達の意見を聞き、試行錯誤を繰り返す。一人ではできないことも、仲間と協力することによって実現させることができることを見いだす。互いの意見を受け止め合う経験が仲間意識を一層強くし、子ども同士の信頼関係を深めてゆくとともに自分が仲間の中で掛けがえのない存在であることを気づかせるのである。

【引用・参考文献】

無藤隆著『幼児教育のデザイン　保育の生態学』東京大学出版会　2013年
無藤隆監修、岩立京子編集代表『事例で学ぶ保育内容領域人間関係』萌文書林、2007年
田代和美、松村正幸編著『演習保育内容人間関係』建帛社、2009年
加藤繁美著『0歳～6歳心の育ちと対話する保育の本』学研、2012年
大豆生田啓友編著　『「子ども主体の協同的な学び」が生まれる保育』学研、2014年

（村上八千世）

第5章 集団生活と人間関係

第1節 友達の存在

1 友達とは

　少子化や、核家族化、都市化などが進み生活環境の変化した現代の子どもにとって、きょうだいや子どもたちどうしの相互作用は、社会性の発達を遂げていくうえで重要である。

　乳幼児は、保育所や幼稚園に入園することで、今までの家庭とは異なる環境で生活することになる。すなわち家庭では両親やきょうだいといった少人数の生活で比較的相互作用の範囲が限定されるが、園では同年齢あるいは異年齢の子どもたちと集団生活を経験し、相互作用の範囲が広がる。友達とのやり取りの中で、子どもは自分の意見や考えを押し通すだけではなく、ときには相手の意見を受け入れ我慢すること、友達の気持ちに気づき集団の中におけるルールを学んでいく。仲間関係の中で、はぐくまれるものとして岡野雅子は「自己抑制・自己主張」「思いやり・共感」「社会的ルールの理解」「イメージの共有」「役割の設定」「コミュニケーション能力」「問題解決能力」をあげている〔岡野、1996〕。

2 遊びの中での友達の関わり

　遊びの中で、友達とのかかわりがどのように発達するかを観察したのはパーテンである。子どもの自由遊びを観察し、2歳から4歳までの遊びの発達を6つに分類している。専念しない行動、一人遊び、傍観者遊

び、平行遊び、連合遊び、協同遊びの6分類である。また加齢にともない、仲間との遊び形態の変化に注目した［M.B.Parten,1932］。

　2歳代では平行遊びや一人遊びが多い。同じ遊びを一緒にしているように見えるが、近くで遊んでいても共通のテーマを共有して遊ばず、傍らで遊んでいる。2歳代で見られる一人遊びや平行遊びは加齢に伴い減少していき、協同遊びや連合遊びが3歳以降に増加してくる。このように乳幼児期の遊びは、自分一人の遊びから、他児の遊びを観察するようになり、他児と同じような遊びをしながら共通の目的を持ち役割分担するなど、協同していくことが見受けられる。

　パーテンは一人遊びを低いレベルの遊びとみなしていたが、幼児が一人で遊ぶことはレベルの低い遊びなのであろうか。ルービンらは遊びの内容によっては年長児でも一人遊びが見られることを示し、むしろ平行遊びの方が未熟な行動形態であるとした［Rubin et al,1978］。近年では一人遊びが必ずしも発達的に遅れているわけではないことや、社会的不適応をもたらすわけではないことが指摘されている。子どもの遊びは、一人で遊んでいるのか、集団で遊んでいるのかという形態の視点のみで評価するだけでなく、その遊びの活動内容をとらえ直して考えていく必要がある。

第2節　道徳性と規範意識

1　保育所保育指針の改定によって示される幼児教育の重要性

　近年、社会情動的スキルや非認知的能力・スキルと呼ばれる忍耐力や自己制御、自尊心と言った特性を幼児期に身につけることによって、大人になって生活に大きな差が出てくることが研究によって示されている。非認知的能力・スキルの育ちには、乳幼児からの丁寧な対応、応答的な姿勢、温かい受容が大事だということがわかってきた。そのことが『幼

稚園教育要領』『保育所保育指針』に反映されている。

　また『保育所保育指針』では、はじめて保育所も日本の「幼児教育施設」と認められた。幼稚園、幼保連携型認定こども園と同様に「幼児教育」を行うことが強調された。そのために「幼児期の終わりまでに育ってほしい姿」という目標像が新たに設定され、その姿に向けて、丁寧に「資質・能力」を育んでいくことが期待されるようになる。

　幼児教育を通して、子どもが身に付けようとする事柄の中核を「資質・能力」と呼ぶ。小学校以降になると、その「資質・能力」には「知識及び技能の基礎」「思考力・判断力・表現力等の基礎」「学びに向かう力・人間性等」に発展していく。

　「幼児期の終わりまでに育ってほしい姿」（6章 **図表6-1 p.53参照**）とは3歳（あるいは0歳・1歳からの長い育ちを通して）5歳児後半に特に伸びていく5領域の内容を10に整理した。資質・能力は具体的には5領域の「ねらい」に反映され、「内容」に示された年長児から小学校にかけて、さらにその後の子どもの成長していく様子が10の姿を通して示されている［無藤隆ら、2017］。

2　道徳性・規範意識の芽生え

　「幼児期の終わりまでに育ってほしい姿」の10の姿の中の1つに道徳性・規範意識の芽生えが示されている。そして「人間関係」の「内容の取扱い」には道徳性の芽生えと規範意識の芽生えの2つがあげられている。

　子どもは友達と関わる中で、他者には自分とは異なる感情があることに気づく。友だち関係を形成する過程は必ずしも順調であることばかりでなく、何度も友だちといざこざを繰り返し経験していく。いざこざに巻き込まれ、自らあるいは他者の援助のもとでルールを学び、解決していくことにより、子どもは他者の存在や意図を認識し、他者に対して自分の考えを主張するようになる。友達への思いやりの気持ちは、いざこざを体験し、乗り越えることによって芽生えてくる。その中で自分と友

だちとの関係を調整する方法を身に付け、次第に安定した友だち関係が形成されていくのである。

3 他律的な道徳性

　保育所や幼稚園に入園すると、多くのルールを守るように要請されるようになる。幼児期の子どもは他律的な道徳性を持つ時期であり、信頼する大人の言うことが正しいと考え結果として、それに従う傾向が強い。幼児期の子どもは、お母さんが怒るから、先生が決めたから、ルールを守らないといけないと思う。また幼児は自分の視点から物事を見ているため、現在の自分の目に見えている状態から考える傾向にある。つまり相手の気持ちや意図など、目に見えないことを考慮することは難しい。具体的に目に見えること以外は自分の行動が何をもたらしたのか気が付かないために「悪いこと」を「悪い」と思わないことも多い［文部科学省、2002］。つまり集団生活の中でルールは友達と一緒に楽しく遊ぶために必要であること、子どもたちが気持ちよく園生活を送るために本来ルールがあることを知る。またお互いが納得していれば、例外や特例のルールにあってもよいと友達と関わりながら、保育者に指導されながら学んでいくのだ。

第3節　自己制御

1　自己主張・自己制御

　仲間との関係の中で自己主張しぶつかり合いを経験し、いつも思い通りになるとは限らないこと、他児にもさまざまな気持ちがあることを理解していく。このように自分で自己の行動をコントロールする力を自己制御と呼ぶ。自己制御は、自分の意志や欲求を持ち、これを外に向かっ

て表し実現するという自己主張的な側面と、自分の欲求や衝動をそのまま発現してはいけない場面や抑制すべき状況におかれた時に、それを抑制、あるいは制止する自己抑制的な側面がある。自己制御は、自己主張的な側面だけが強くても、あるいは逆に自己抑制的な面だけが強くでも、自分の行動をコントロールできているとは言えない。

　柏木恵子は教師による評定により、幼稚園児の「自己主張・実現」と「自己抑制」の年齢的変化を調べている［柏木、1988］。「自己主張・実現」は3歳から4歳にかけて急激な上昇をするが、その後は増減がみられ、停滞や後退を示している（**図表5−1**）。一方「自己抑制」は、3歳から7歳にかけて一貫して伸び続ける（**図表5−2**）。また「自己抑制」は、全ての年齢を通して女児の方が男児よりも得点が高い。女性の性役割の中核とされた「従順さ」「自己抑制」に通ずる特徴が3歳代ですでに現われ、その後も性差が続いているということは、注目すべきことである。

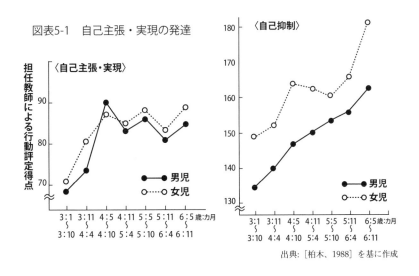

図表5-1　自己主張・実現の発達

図表5-2　自己抑制の発達

出典：［柏木、1988］を基に作成

このように子どもは、友達とのやり取りの中で自分で自分の行動をコントロール（自己制御）することにより、友達とどのように接したらよいかという対人関係のルールを学び、社会性を身につけていく。

2　自立心

自立心は幼児教育の中核的な部分を表しており、特に「非認知的能力・スキル」と呼ばれることもある。「学びに向かう力」に直結した部分である。環境を通しての教育と主体的な活動を通しての遊びを通して、自分の力を使ってやり遂げていき、達成感を味わい自信をもって行動できることである［無藤隆ら、2017］。

これは、活動そのものに興味や関心を持たせるように動機づける知的好奇心を超えて自分の力でやり遂げることが肝要である。そのために子どもが、やればできるという期待感を持ち、自分が何をしなければいけないのか考えすすめていく。子どもが具体的なステップをイメージでき、試行錯誤する過程も重要である。そして最後までやり遂げるように努力し、達成感を味わい自信を持って行動できるようになる。このような自覚をもってやり遂げるのは年長児でも簡単なことではなく、小学校に入りさらに伸びていくところでもある。

3　幼児期の道徳性の発達を促す保育者の関わり
　　　―子どもが自己制御できる存在になるために―

子どもたちがルールを理解し、自ら自己制御しようとし、自立心をもって育っていくために、保育者にはどのような関わりが必要であろうか。

第1に道徳を理解させ、自律させるために、単にうるさく叱ったり、厳しくしつけすれば養われるものではない。基本的に大切なことは、保護者や保育者と子どもとの間の信頼関係である。子どもが愛されている、安定していると感じられることである。子どもが安心でき、楽しく居心地がよいと感じられる環境づくりが大切である。

第2に子どもの思いに共感し、丁寧にお互いの気持ちを聞き、お互いの思いを伝えたいと思えるような手助けが必要である。子どもは自分からの観点で見がちであり、他者には他者の思いがあることに気が付かず、いざこざになることはよくあることである。保育者は裁判官のようにどちらが悪いのか判定すればよいのではない。子どもは、まだ自分の気持を的確に伝えられないこともある。子どもの表情やしぐさから気持を読み取り、その気持ちに共感し、子どもが言えなかった気持ちを「○○ちゃんは○○したかったんだよね」と言葉にして表現し代弁する。いざこざの当事者の子どもたちだけでなく、周りの子どもたちからも状況を聞き、子どもたちの思いに耳を傾け、共感し、代弁していくことが必要である。

　第3にはルールや規範意識に対する自律的な理解を育てていくことである。ルールを守れなかったことを「悪いこと」だと指摘するだけでなく「なぜ悪いのか」「どうして守らなければいけないのか」を子どもが理解できるように説明することが必要である。ルールを従わせるために、罰や脅しを使うことは不安や恐れをいだかせる。また自分で考えようとせず、罰を避けるためだけに従うようにさせてしまう可能性がある。危険なこと、相手に危害を与えることは、子どもが気づくまで待つのではなく、保育者がすぐに介入し制止し、子どもが分かるようにはっきりと伝えて行く必要があるのはいうまでもない。

　第4に子どもの発達のプロセスに合わせた関わりである。子どもたちはルールを理解しながらなかなか上手く伝えられず、双方がいら立ってしまうこともある。保育者はすぐに注意せず、子どもを興奮させてしまう態度や言葉を使ってないかを考えてみる必要がある。またルールを守れた時、自分で自分をコントロールできたときにはそのことを認めほめ、子どもの自信につながるような関わりをしていきたい。

　3歳までが結果が伴えばほめてよいが、3歳以降は結果よりもプロセスを大切にしていく必要がある。プロセスを強調することは、意欲を育

てることにつながる。子どもは自己制御に向けて、行きつ、戻りつしながら発達していく。そのようなとき「がんばったけど、もう少しだったね。もう一度取り組んでみよう。そばでみているね」とプロセスを評価し、寄り添う保育者であってもらいたい。時間がかかっても、子ども自身が自律的に判断し、自己の行動をコントロールできるように支えていきたい。

【引用・参考文献】

岡野雅子「仲間関係の発達」佐藤眞子編集『人間関係の発達心理学2 乳幼児期の人間関係』培風館、1996年

柏木恵子著『幼児期における「自己」の発達―行動の自己制御機能を中心に―』東京大学出版会、1988年

文部科学省『幼稚園における道徳性の芽生えを培うための事例集』ひかりのくに、2002年

無藤隆・汐見稔幸・砂上史子著『ここがポイント3法令ガイドブック　新しい『幼稚園教育要領』『保育所保育指針』『幼保連携型認定こども園教育・保育要領』の理解のために　』フレーベル館、2017年

Parten,M.B. Social participation among pre-school children. *Journal of Abnormal and Social Psychology*, 27, 1932, pp243-249.

Rubin,K.H.,Watson,K.S.&Jambor,T. Free-play behaviors in preschool and kindergarten children. *Child Development*, 49, 1978, pp534-536.

（福田真奈）

第6章 就学までに育てたい人間関係

第1節 小学校教育への接続

1 小学校教育への接続

　子どもたちは乳幼児期を幼稚園・保育所・認定こども園で過ごし、卒園する。卒園後の最も近い未来の生活の場は多くの場合、小学校である。園生活の充実がそれだけで終わるのではなく、子どもたちの発達を保障し、育まれた資質や能力が「小学校以降の生活や学習の基盤」となるよう保育者は配慮しなければならない。

　就学を見通して保育をすることは大切だが、就学準備だけを目標としては十分な保育はできない。また、就学を見通した保育は就学近い幼児期後期だけで行われるものでもない。園での保育・教育の全期間を通して「乳幼児期にふさわしい生活」を過ごした結果、子どもたちの中に小学校生活と学習に必要な基盤が育つよう保育が行われなければならない。

　人は一生「他の人々と親しみ、支え合って生活する」。乳幼児期も、小学校でもそうだ。そして、成長するほど、人間関係は複雑になり、より発達した自立心と人と関わる力が必要になる。園の内外で、保育者や家族や地域の人々に支えられ、その大人たちや友達との関わりを育て、人間関係の保育内容を経験し、ねらいを達成することで、小学校で必要とされる自立心と人と関わる力が育つ。そして、また、小学校で家庭で地域で様々な大人と友達と関わり、自身が行動することによって、さらに力は発達し、その先の未来を生きる基盤ができる。

2 小学校教育との違い

(1) 小学校教育との違い

　乳幼児教育も小学校教育も、それぞれの対象となる子どもの発達に合わせて行われるので、発達の状態が異なるように教育の形態も同じにはならない。

　乳幼児教育は遊びが中心である。子どもの直接的な感覚や経験を大切にし、子ども自らが主体的に環境と関わり、遊びに熱中、集中することにより、学びが生じる。遊びとは総合的な学びであり、5領域は遊びの中で総合的に経験され、教科のようなものではない。園にもよるが、活動の時間的な区切りなども緩やかであることが多い。また、環境は園全体が、子どもが自らの興味・関心を持って関われるように設定される。

　他方、小学校では基本的には固定的な時間割があり、教科ごと45分単位の授業を中心に授業と短い休み時間とが交代で設けられている。教師からの課題設定や、言葉や画像による間接的な経験と学習も多い。授業時間ごとの環境は、校外学習など特別な場合を除き、教師の指示した教室内に限定されることが多く、環境から子どもたちが自由に自発的に興味・関心の対象を見出すというよりも、教師の提示した課題に関する対象に興味・関心を集中することが求められる。

　生活面においてはより自立が進み、始業前や休み時間など教師が一緒におらず、児童だけで自立的に行動する時間ができ、登下校なども必ずしも大人の付き添いはなく、児童だけの集団または個人で行われるようになる。

　以上のような大きな枠組みの違いだけでなく、園と学校の文化やルールの違いは沢山ある。卒園して就学を迎える子どもたちはこの多種多様な違いへの対応が求められる。

(2) 小1プロブレム対策から教育の接続へ

　小学校新入児童が授業中、教師の話を聞けなかったり、立ち歩いたり

し、学業に集中できず、授業が成立しない学校不適応が2000年頃から「小1プロブレム」として注目されるようになった。小1プロブレムは小学校の教育形態と幼児教育の形態との違い（ギャップ）に子どもたちが適応できないために生じる。小学校でも園でも、はじめはこの小1プロブレムにどう対応するか、予防するかが考えられたが、近年、幼児教育と小学校教育のギャップはあるものと考え、そこで、幼保小が連携しいかに接続のギャップを小さくするか、そして就学までにギャップを乗り越える力をいかにして育てるかが、幼保小接続の中心となってきた。

　ギャップを小さくし、なめらかな接続にするためには、園と小学校とで接続カリキュラムを作ることが有効と考えられている。しかし、園と子どもたちが進学する小学校は一対一の関係ではないため、一部の附属幼稚園と小学校や公立の幼稚園や認定こども園と小学校との間を除き、接続カリキュラムの作成は難しい。

　実際に園と小学校の間でよく行われているのは、小学校訪問や子ども同士の交流である。これにより、園児は小学校と小学生に親しみを覚え、自身より成長した小学生の姿に憧れ、自分の成長モデルを見出し、就学への期待を持つことができる。交流はイベント的に1回行われるだけではその効果はあまり見込めない。定期的に複数回交流が行われることで、園児は小学生の姿を観察する機会を得、子どもたちの関係は深まり、園児の小学校と小学生についてのイメージは確かなものとなり、交流相手のような小学生になりたいという意欲を育てるだろう。

　また、交流は必ずしも進学先の小学校との間でなくともよい。とは言え、進学先の小学校との間で行うことができれば、進学先についての安心感がより得られるだろう。だが、都心部を中心に複数の園から複数の小学校に進学する状況ですべての子どもが進学先と交流することは困難であり、同様の理由で定期的に複数回の交流を持つことも容易ではなく、多くの園と小学校の間ではイベント的な1～2回の交流に止まっているのが現状である。

限られた条件の下でも、園が実践できる小学校との接続は何だろうか。それは先に挙げた小学校と園の違いを捉え、そのギャップを乗り越え、違いに対応する力を育てることだ。

　幼児期でも特に小学校への接続期と考えられる５歳中・後期、個人の発達だけでなく、クラス集団の成長や協同性の育みが保育のねらいとなる。この時期の子どもは園生活に最もよく慣れ、園内では自立して行動する。幼児期における教育の課題と到達は重要だ。しかし、それは小学校生活と学習の基盤にもなっているだろうか。馴染んだ友達との間で協同性を発揮するだけでなく、小学校で出会う新しい友達を受け入れ、新たな関係と新たな協同を作り出せるだろうか。生活の自立と見えるのは馴染んだルーティンの繰り返しだけではないか。新しい環境から新たな文化とルールを学習し、主体的に生活できるだろうか。乳幼児期の遊びはそれ自体が目的であり、無自覚な学びだが、小学校では教師の課題設定の下、自覚的な学びが必要となる。設定された課題も自分のものとして興味を持って取り組めるだろうか。それらを可能にするため、小学校教育へのアプローチとして新しい人やルールとの出会いや、活動とその目的を子どもに問い、主体としての自覚を促す働きかけが役立つだろう。

　就学準備とは小学校の教育内容の先取りではない。小学校の生活と学習の基盤を築くことである。望ましい未来をつくり出す力を子どもたちに育むために、乳幼児教育だけで完結するのではなく、小学校への接続を見通した保育が必要である。

第２節　幼児期の終わりまでに育ってほしい姿

1　幼児期の終わりまでに育ってほしい姿

　幼稚園教育要領、保育所保育指針、幼保連携型認定こども園教育・保育要領では、就学時までに「知識及び技能の基礎」「思考力、判断力、表現力等の基礎」「学びに向かう力、人間性等」の３つの資質・能力を育てることを求め、それらの資質・能力が現れる具体的な姿として、「健康な心と体」「自立心」「協同性」「道徳性・規範意識の芽生え」「社会生活との関わり」「思考力の芽生え」「自然との関わり・生命尊重」「数量や図形、標識や文字などへの関心・感覚」「言葉による伝え合い」「豊かな感性と表現」の10の姿を挙げた。ここでは主に人間関係領域に関わる４つの姿について、乳幼児教育の中での育ちと小学校教育との繋がりを考える。

図表6-1　「幼児期の終わりまでに育ってほしい姿」とはのイメージ

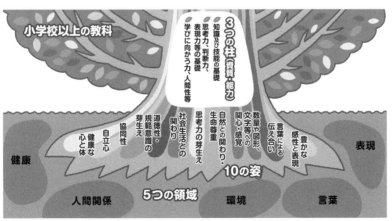

出典：[「幼児期の終わりまでに育ってほしい姿とは」無藤 隆　『保育ナビ』8巻8号2017年］を基に筆者作成

(1) 自立心

　これらの姿は接続期にだけ育まれるのではなく、乳児期からその発達にふさわしい活動を通じて育つ。自立心を養うのは何よりも環境との主体的な関わりである。日々の保育で、乳幼児が自ら興味・関心を持って活動できる環境設定が全ての基礎となる。自分のやりたいことを楽しみ、自分の心と体を働かせて自分の経験とする。活動に集中し、達成感や自信を得ることが自立心を養う。そのためには長期に渡って活動を継続する経験も必要である。その中で、中断を挟んでも活動を見通し、自分たちで計画することも経験したい。何をやりたいのか、何が課題であるのか、何を経験したのか、子どもに問うことで、活動と課題を自覚的に捉える力が養われ、小学校での学習態度に繋がる。

(2) 協同性

　まず、友達と友達のやっていることに興味を持つことが始まりだ。そして、ひとりよりも友達と一緒に遊ぶことが楽しいと経験することが協同性を育む。幼児期後半に向けて、友達の気持ちや考えを知り、受け止め、また、自分の気持ちや考えを受け止めてもらい、遊びの目的やイメージを共有する。友達と一緒だと一人よりも楽しいことができると実感し、友達と協力する中で充実感を得る。それがまた友達と一緒にもっと遊びたいという気持ちを育て、小学校での集団での学習活動を支える力になる。

(3) 道徳性・規範意識の芽生え

　道徳性とは、良いこと悪いことの区別がつき、良くありたいという考えであり、乳幼児期にはその中心は思いやりである。

　子どもたちは幼い頃から他者の気持ちを気にし、気づき、共感する。沢山の友達と過ごす内には思いがぶつかり、葛藤が起こり、何かを我慢したり、自分の気持ちを切り替えて調整したりしなければならないこともあるだろう。友達の気持ちを理解し、思いやりが発揮されることで、自分だけでなく、友達も楽しく遊ぶために、独り占めせずに遊具を一緒に使ったり、譲ったりできる。幼児期後期に向けては、自分とは違う相

手の気持ちを理解したり、相手の立場に立って考えたりする力が成長する。葛藤場面などで、子どもたちが、相手の気持ちを考え、理解できるように保育者は援助したい。

また、集団生活や遊びの中で、子どもたちは様々なルールに出会う。保育者に認められることで、ルールを守ることが良いことであると理解し、楽しく遊ぶためにはルールを守る必要があることを理解する。幼児期後期には遊びの中などで自分たちでルールを作ることもある。

こうした乳幼児期の芽生えが小学生で更に成長し、小学校で出会う新しいルールを大切にし、良い小学生になろうという気持ちを育てる。

(4) 社会生活との関わり

「社会生活」とは家庭や地域など園外の生活のことである。家庭の養育力が低下し、地域の繋がりが弱まったといわれる現在、「社会生活」との関わりを深めるために、保育者の援助は非常に重要なものとなる。

家族との関係は人間関係の基盤と言える。子どもが家族との絆を育てられるように、保育者は家庭と連携し、子どもの家庭での生活を理解し、保護者を支援し、保護者に子どもの園での姿を理解してもらうための努力が必要だ。また、子どもが家族への思いを深められるような活動も実践したい。

地域の繋がりが強く、子どもの見守りがある地域の方が小1プロブレムは起こりにくいという報告もある。家庭と園だけでなく、地域も子どもを育てるのだ。園で地域の人々と共にできる活動を考えたり、子どもたちが公園や高齢者施設やお店など地域の施設に出かけたりし、様々な人と出会い、社会に家族や保育者とは違ういろいろな人がいることを知り、その人たちから学ぶことで、自分とは違ういろいろな人を受け止める気持ちを育てたい。また、公共の場でのルールやマナーと、公共の施設を大切にする気持ちを学ぶ機会にもしたい。

家族や地域の人々との繋がりも、公共のルールも就学してからも子どもを支え、子どもが新しく出会う人々と繋がる力を育てるだろう。

【引用・参考文献】
国立教育政策研究所『幼小接続の育ち・学びと幼児教育の質に関する研究』（報告書）、2017年＜https://www.nier.go.jp/05_kenkyu_seika/pdf_seika/h28a/syocyu-5-1_a.pdf＞
汐見稔幸監修『イラストたっぷりやさしく読み解く保育所保育指針ハンドブック2017告示板』学研教育みらい、2017年
東京学芸大学「小1プロブレム研究推進プロジェクト」『小1プロブレム研究推進プロジェクト』（報告書）、2010年＜http://www.u-gakugei.ac.jp/~shouichi/report/index.html＞
無藤隆著『平成29年告示幼稚園教育要領　保育所保育指針　幼保連携型認定こども園教育・保育要領　3法令改訂（定）の要点とこれからの保育』チャイルド本社、2017年
無藤隆監修『イラストたっぷりやさしく読み解く幼稚園教育要領ハンドブック2017告示板』学研教育みらい、2017年
無藤隆監修『イラストたっぷりやさしく読み解く幼保連携型認定こども園教育・保育要領ハンドブック2017告示板』学研教育みらい、2017年
無藤隆監修「幼児期の終わりまでに育ってほしい10の姿とは？」『保育ナビ』第8巻第8号pp.10-21フレーベル館、2017年

（髙木友子）

第7章 領域「人間関係」のねらいと内容－0～2歳

第1節 0～2歳児の保育所保育指針の改定について

1 保育所保育指針の大きな変更点

2017年、幼稚園教育要領、保育所保育指針（以下、保育指針）幼保連携型認定こども園教育・保育要領の3法令が一度に改訂（定）されたが、大きく分けて次の5点が変更された。

① 乳児・1歳以上3歳未満児保育に関する記載の充実、②保育所保育における幼児教育の積極的な位置づけ、③子どもの育ちをめぐる環境の変化を踏まえた健康及び安全の記載の見直し、④保護者・家庭及び地域と連携した子育て支援の必要性、⑤職員の資質・専門性の向上

改定前の保育指針では、0歳から5歳児までの保育内容の5領域が同じ文言で記述されていたが、今回の改定では、乳児（0歳児）は、発達に合わせた「3つの視点」で保育のねらいが定められ、1・2歳児は、3歳以上児の5領域に準じながら、年齢に応じた保育を行うように示されたことが大きな特徴と言える。

2 改定の背景と今後の乳幼児保育について

0～2歳児の保育指針が大きく改定された背景にはどのようなことがあるのか、これからどのような保育をしていくとよいのだろうか。

(1) 待機児童の受け皿と子育て支援として

前回の改定からこの10年間で、社会で働く子育て中の母親が増加した

が、それに伴う乳幼児の子育て環境が追いついていない。働きたい母親がいる一方で子どもを預ける保育所がないという待機児童の問題があるが、その8割以上が0歳から2歳の乳幼児である。

　さらに、子育て中の母親の地域とのつながりも希薄になり、子育て支援を受けられず子育てに悩む母親が増加している。また、たとえ近くの地域の子育てグループに参加しても専門のスタッフがいるとは限らないこともある。その点、保育専門の保育士が地域の親に子育て支援をすることで、子どもの虐待発見、防止、支援にもつなげていくことができるだろう。近年、災害発生が多い中、いざという時のためにも普段から地域と保育所が連携し、協力し合える関係をつくっておくことも大事である。

(2) 非認知能力の重要性

　近年の研究によると、社会の中で人として生きていくために必要な力である非認知能力は、乳児から育んでいくが重要だと分かってきた。非認知能力とは何事にも諦めずにやり抜く忍耐力、自分を価値ある存在であると思う自己肯定感、失敗を恐れずに挑戦できる意欲、仲間を思いやり、協調していく社交性などである。これらは、0歳児から特定の人と深い愛着関係をもち、温かい対応を受ける経験を繰り返すことで育まれていくのである。このことから、乳児保育の重要性が再認識された。

(3) 保育の質を上げる

　0歳から2歳児の待機児童を解消するために、保育所の定員を増やし、保育室の広さなどの環境条件を緩め、保育所の増設で保育士の人材が不足することなどによって「保育の質」の低下につながるのではと懸念する声が上がっていた。しかし、0歳から2歳児の保育指針の記述が充実したために保育士が保育を行いやすくなり、今まで以上に保育の質を上げていくだろう。

(4) 発達を見通した保育と教育

　第6章に述べられている「幼児期の終わりまでに育ってほしい姿」は、幼児教育から小学校への接続をスムーズにしていくものであるが、0歳

からの保育の積み重ねが大切なので、日頃から丁寧な保育を心がける。

　また、2017年に小中学校の学習指導要領も改訂されたが、教育の一番の土台である乳幼児の保育指針の記載が充実されたことで、小中学校へつながる一連の保育と教育の流れができた。そのため、より丁寧に子どもたちの発達を総合的に見通すことができるようになった。

第2節　乳児保育に関わるねらい及び内容

1　「乳児保育の3つの視点」のねらい

　今回の改定により、3つの視点に分けられたことで、保育士が子どもの発達に合った保育計画を立てられることができ、評価をしやすくなった。しかし、この3つの視点は、明確に5領域で分けられるものではなく、それぞれの領域が重なり合っているものである。3つの視点を5領域に準じると、主に以下のように分けられる。

　①身体的発達に関する視点から「健やかに伸び伸び育つ」は「健康」、②社会的発達に関する視点から「身近な人と気持ちが通じ合う」は「人間関係」と「言葉」、③精神的発達に関する視点から「身近なものと関わり感性が育つ」は「環境」と「表現」となる。

　では、次に「人間関係」について述べている②社会発達に関する視点「身近な人と気持ちが通じ合う」を説明する。

2　「身近な人と気持ちが通じ合う」のねらい

　乳児期は、人間関係の基礎を築き、人に対して基本的信頼関係を育んでいく大事な時期である。子どもは、特定の保育士等に愛情深く受容的、応答的に対応してもらうことで自己肯定感が育ち、保育士等との間に愛着関係が形成されていく。そして、繰り返し、温かく受け止めてもらうことで、自分の感情を自由に表すことができる安心できる存在（安全基地）

となり、保育所も安心な居場所として過ごすことができるようになる。

　子どもは、体の動きや表情、泣き声などの発声や喃語などで周りの保育士等に自分の思いや欲求を伝えようとする。その都度、保育士等に温かく触れ合ってもらったり、言葉で応答してもらったりすることで、言葉のコミュニケーションが芽生え、話す意欲が高まってくる。これらのことから、多くの保育所では、それぞれの子どもに担当する保育士を決めて一緒に過ごすことが心地よい関係をつくれるように努めている。

3　「身近な人と気持ちが通じ合う」の内容

　子どもは、乳児期に信頼関係がある人との関わりを通し、心地よい体験をすることにより、その先の人間関係においても肯定的に、能動的に過ごしていけるようになる。

　生後間もない頃から、子どもは、自分の世話をしてくれる大人の顔を見つめ、話しかける言葉に耳を傾けている。また、おむつを替えてくれる感覚の心地よさも十分感じ取っているので、たくさん愛情あふれる言葉と肌の触れ合うスキンシップをとるようにする。

　3カ月頃になると、しっかり視線が合うようになり、手足の動きも活発になり、自分の意思や欲求を、声や行動などで伝えようとするので、保育士等は、その意味をよく考え、温かく適切に応答していく。

　6カ月頃になると、身近な人の顔がしっかりと認識できるようになり、子どもからも声を出すなどして保育士に働きかけるようになる。双方の間の愛着関係が深まってくると同時に知らない人には、泣くなど人見知りも始まる。

　9カ月頃になるとハイハイも始まり、見る物を触ろうとするなど好奇心旺盛になる。そして、自分の欲求や気付いたことを保育士に指さしをして伝えるようになる。その度に保育士が指さしたものの名前や、欲求の意味を伝えることで徐々に言葉を理解し、様々なものに興味も広がってくる。

4 「身近な人と気持ちが通じ合う」の内容の取扱い

　乳児期は、保育士の温かく丁寧な受容的で応答的な関わりを通して自分を肯定する気持ちが育まれ、人との関わりの中で生きていく基盤となる。保育士は、子どもの思いを優しく受け入れ、愛情豊かに接して応答していくことが必要である。

　子どもが泣いたり、ぐずったりする理由として、眠い、おむつが濡れた、おなかが空いたなどの生理的欲求に加え、抱っこ、甘えたいという情緒的な欲求がある。特に乳児前半は、生理的欲求の不快さから泣くことが多い。例えば、保育士が子どもを抱っこしてミルクを飲ませる時には、しっかりと目を見て「おなかが空いたのかな」「おいしいかな」などと優しく話しかけるようにする。また、保育士の関わりを求めて泣く場合には、泣かずにはいれないその気持ちに思いを寄せ、応答的に対応していくようにする。

　子どもは、2カ月頃になるとミルクを飲んで満足した後に「あー」と喃語を話すようになるが、その時も優しく「そうなの。お腹いっぱいになったのね」と笑顔で応答すると、また、「あー」などと声を出す。これが言葉のコミュニケーションの第一歩なので、この時期にたくさん言葉にならないやりとりをすることで人と話す意欲が芽生えてくる。

　9カ月頃には、それまでの保育士との学びにより、犬を見つけると「わんわん」と指さしをして教えてくれるようになる。その時も「そうだね。わんわんだね」と優しく応答することで肯定されている気持ちになる。そうした応答を繰り返すことにより、自分が発した言葉と物の名前を再認識することができ、話すことの楽しさを知り、話す意欲が増してくる。さらに保育士が「わんわん、バイバーイだね」と言って手を振ると、真似をして「バイバーイ」と手を振るようになる。「上手にバイバイできたね」と楽しい雰囲気の中で会話を続けていくことで保育士に心を通わせ、信頼関係が強くなっていく。

第3節　1歳以上3歳未満児の保育に関わるねらい及び内容

1　領域「人間関係」のねらい

　子どもは、担当保育士と1対1のしっかりとした愛着関係ができると、そこをベースとして新しい世界へ飛び出すことができるようになる。そして、保育士と一緒にいることが心地よく感じることで保育所での生活も楽しむことができるようになる。

　1歳頃から歩き始めるようになると、探索行動が盛んになってくる。それとともに周囲の子どもたちにも関心をもち始め、遊びや生活全般に対して他の子どもの真似をしたり、関わったりしたくなる。しかし、まだ十分に自分の気持ちを伝えることができなかったり、相手の気持ちを考えて行動したりできないので、子ども同士のトラブルも多い時期である。友だちとぶつかり合う経験を重ね、自分とは違う考えをもった存在に気付くようになる。悔しい・悲しい思いをした時に安全基地である保育士等の所へ戻ると、いつも温かく受け入れてくれると感じる関係づくりが大切である。その関係がしっかりできると、トラブルがあっても気持ちを立て直し、周囲へ関わろうとすることができるようになる。

　2歳頃になると、毎日繰り返される一日の生活の仕方に慣れ、時間の流れに従って過ごすことができるようになってくる。その中で少しずつ簡単な集団行動のきまりも守れるようになり、きまりの大切さにも気付いてくる。

2　領域「人間関係」の内容

　子どもは、保育士を信頼することで心が安定し、行動範囲を広げていくことができる。常に保育士は、一人ひとりの心身の状況をよく把握して関わっていくようにする。

子どもは、様々な欲求をもっているが、保育士等が子どもの一つひとつの願いに対し丁寧に受容し、応答するように心がける。すると、子どもは、保育士に受け止められた喜びと、守られている温かな思いを少しずつ感じることもできるようになり、支えられていることによって失敗しても立ち直れるたくましさも育ってくる。そして、その先へ挑戦しようとする意欲がわいてくるのである。

　保育所で生活していると、身近な周りに他の子ども、保護者、地域の人など様々な人がいることに気付くようになる。そして、人はそれぞれ違うということも認識できるようになるので、子どもが経験した出来事を丁寧に扱うようにする。子どもにとって、一見小さな出来事と思われる一つひとつの経験が、大人とは比べものにならないほどの大きな経験であるということを忘れてはいけない。

　周りの子どもと触れ合い、関わりをもつようになってくると、いざこざも多くなってくるので保育士の仲立ちが大切になってくる。この頃は、年長児や保育士の真似やごっこ遊びなどを通して、保育所でのきまりや生活の流れも知るようになる。

3　領域「人間関係」の内容の取扱い

　1歳3カ月頃になると、何でも自分でしようという気持ちになるので、その気持ちを尊重して援助する。うまくできた時には、一緒に喜び、認めていくことで子どもに「やればできるんだ」という有能感を育んでいくようにする。うまくいかなかった時もまず、「悔しいね」と子どもの気持ちをしっかりと受け止め、一緒にどうしたらできるかを考え、やり直してみようという気持ちになるように励ましていくことが大切である。

　また、2歳頃になると、友だちとの関わりが多くなり、一緒にいること、何かすることがとても楽しい時期でもある。しかし、自分の気持ちを十分に伝えられずに悔しい思いをしたり、逆に自分の思いを力づくで押し通そうとしたりと、トラブルも多くなる。例えば、1つの玩具の取

り合いから、叩いたり、叩かれたりして泣いてしまうこともある。その時は、まず「痛かったね。あのおもちゃで遊びたかったのね」と共感することが大切である。その後に「でも、先に〇〇ちゃんが遊んでいたよね。もう少し、このおもちゃで遊びたかったのだと思うよ」と相手の気持ちも代弁して伝える。相手にも「〇〇ちゃんも遊びたかったみたいよ。遊び終わったら貸してくれるかな」と、保育士が間に入り子どものお互いの思いを大切に代弁し、双方が納得いくように調整する。

　その際、保育士が「貸すべき」などという思いにとらわれずにその子どもの遊びたい思いにも寄り添うようにする。子どもは、保育士の提案した通りにはできないかもしれないが、子どもの気持ちを尊重し、繰り返し丁寧に対応することで、少しずつ自ら考え、行動し、対処できるようになってくる。まだ、子どもたちは、人間関係の学びが始まったばかりなので、長い目で温かく見守るようにする。

【引用・参考文献】
　汐見稔幸監修『イラストたっぷり　やさしく読み解く　保育所保育指針ハンドブック2017年告示版』学研プラス、2017年
　『幼保連携型認定こども園教育・保育要領　幼稚園教育要領　保育所保育指針中央説明会資料（保育所関係資料）』内閣府　文部科学省　厚生労働省、2017年7月
　無藤隆・汐見稔幸・砂上史子著『ここがポイント！３法令ガイドブック』フレーベル館、2017年
　無藤隆・汐見稔幸編『イラストで読む！はやわかりBOOK平成29年告示対応』学陽書房、2017年
　社会福祉法人全国社会福祉協議会　全国保育協議会「保育の質に関する全保協の意見」〈http://zenhokyo.gr.jp/annai/h21/d-091113.pdf〉（2017.11.30最終アクセス）

（大﨑利紀子）

第8章 領域「人間関係」のねらいと内容−3〜6歳

第1節 3歳児以上の要領・指針の改訂と「人間関係」のねらい

1 3つの要領・指針の改訂

(1) 幼稚園教育要領

　平成29年告示の幼稚園教育要領から、幼児の心情・意欲・態度にとどまらず、資質・能力がクローズアップされるようになった。つまり、ただたんにやる気、気持ちの次元ではなく、実際に幼児自身の力になるように幼児教育が責任を持つことが明確化されたのである。同時に、3歳から6歳までの保育内容は、一般社会においても共有されるべき内容となった。保育内容・人間関係もまた、家庭や地域との連携の中で実施されるものとして捉えられるようになったのである。

(2) 保育所保育指針

　今回の改定では、保育内容が乳児、1歳以上3歳未満、3歳以上の3つに分けられている。このうち、3歳以上の保育内容については、ごくわずかの文言を除いて、ほぼすべての記述が、幼稚園教育要領や・保育要領・幼保連携型認定こども園教育要領と同一になった。6歳までの幼児期においては、保育所も、教育の面においては全く幼稚園と同等の質が求められるようになったのである。保育所も、小学校との円滑な接続が意識されることになった。しかし保育所の保育としては、教育と養護が一体となって子どもに働きかけるものであることに変わりはない。

(3) 幼保連携型認定こども園教育・保育要領

　今回の改訂のポイントは、保育所に準じたものである。つまり、保育所と同様に、「幼児期の終わりまでに育ってほしい姿」が明記され、小学校との接続がより意識されることになった。ちなみに、幼保連携型認定こども園の要領の中では、多様な経験を有する園児の学びあいが特に配慮すべき事項として盛り込まれている。

2　3歳から6歳までのねらい

　3つの要領・指針の、保育内容・領域「人間関係」の説明の冒頭に、「他の人々と親しみ、支え合って生活するために、自立心を育て、人と関わる力を養う」という文言が記されている。そして、この力を育てるための「ねらい」が次の(1)から(3)までの3つに具体化されている。

(1)「園生活を楽しみ、自分の力で行動することの充実感を味わう」

　簡単に言えば、人との関係、社会性を身につけるためには、依存的ではなく、安易に他者に頼らない姿勢が重要である。そこで自立へ向けての援助が必要になる。ちなみに、「自律」という言葉もある。「自立」という概念は、生活の中で人には依存しないこと、それも身体的な面を表現している。他方、「自律」は、自らの欲望などを統制する「Self-control」の意味である。「自律」に関しては、幼児が自分の立場を踏まえて我慢する、といった態度として現れ始める。

(2)「身近な人と親しみ、関わりを深め、工夫したり、協力したりして一緒に活動する楽しさを味わい、愛情や信頼感を持つ」

　(1)のねらいでは、どちらかと言えば、自分自身のあり方が問題であった。(2)のねらいでは、他者との関わり方が求められている。「親しむ」、「協力する」、「愛情を持つ」、「信頼感を持つ」は、他者と関わるときの要素である。逆に、人と親しむことができない、協力しない、愛情がもてない、不信感を持つというのは、幼児期にあっては、避けるべき経験である。いずれも知的要素であるよりは、感情的なものが表現されている。

人間関係は、感情の広がりと深まりとが重要であり、そしてまた他者を信用するかどうかということは、子ども自身が世界観を作っていくことと深く関わっているのである。

(3)「社会生活における望ましい習慣や態度を身につける」

ここで取り扱われるのは、社会生活の中でも、挨拶などを含んだ基本的生活習慣である。「ありがとう」や「ごめんなさい」という言葉を、適切なときに言えることは社会生活では非常に大事なことである。小学校に入ってからの人間関係のトラブルの多くが、この簡単な言葉が上手に言えないことから発生している。それだけに重要な習慣である。

しかしこうした感謝や謝るときの表現は、表面的に言えるだけでは意味がない。心持ちとして、子ども自身の中に良心が育っていなければならない。つまりは、年齢なりに善悪判断ができることが目標である。

今述べてきた「人間関係」のねらいは、それぞれ、①自立的生活へ向かったもの、②共同生活へ向かったもの、③善悪判断の基準といった3つの面として仕分けることができる。

第2節　3歳から6歳までの保育内容と内容の取り扱い

本節では、保育内容と内容の取り扱について、要領や指針の13の観点に沿って、各年齢の特徴を適宜述べながら説明するとしたい。

1　自立的生活に向けて

(1)「**先生や友達と共に過ごすことの喜びを味わう。**」

3歳になると、保育所の子どもは乳児クラスから幼児クラスへ進む。また幼稚園では、入園という大きな節目を迎える。幼稚園では先生という、家庭とは違った存在に出会う時期となる。生まれたときから慣れ親

しんでいた範囲を越えて、家から外に出た生活を本格的に営むことになる。したがってまた、子どもにとっての環境も劇的な違いが生まれる。

もっとも、保育所に乳児から在園している子どもたちも、今までの人間関係を基礎にして、新たな人間関係を築く時期であるという意味では、やはり新たな場面に直面する時期である。

いずれにしても不安な気持ちをやわらげることにより、初めて人間関係が円滑に築かれるものである。幼稚園でも保育所でも、家庭とのこまやかな連携が重要になることは言うまでもない。

(2)「自分で考え、自分で行動する。」

3歳は運動機能がぐんと高まる時期であり、行動範囲を広げていく。しかし、こうなると自分のしたいことがあっても、他者がいるので、容易にはできないことを実感するようになる。しかし他者から励まされたり、友達や先生に共感してもらったりすることで、自分のやりたいことができるようなる。

4歳になると、自他の区別がはっきりつき、いわゆる自我が形成されるようになる。これは主客の分離であり、思考の始まりである。何でも人に頼る、やってもらうのではなく、自分で考え、行う習慣づけが重要である。保育者の支援としては、子ども自身がいかに自分で考えるか、自分で行動できるかに配慮して働きかけるということになる。

(3)「自分でできることは自分でする。」

社会性の第一歩は、他者と関わる以上に、自身でできることと、できないことを見きわめ、自身でできることなら、率先して自分から行うことである。靴の左右を間違えないように履くなどの例をあげるまでもなく、自分自身でやろうとする子どもの意欲を引き出すことが重要である。

例えば、4歳では、ただ自分の気持ちをすっかり実現できない一方で、友達や年下の子どもたちの面倒を見ようとする気持ちもまた生まれてくる。セルフコントロールが完成していない割に、他者を助力しようとする、一見矛盾した行動が見られる時期でもある。

(4) いろいろな遊びを楽しみながら物事をやり遂げようとする気持ちをもつ。」

　たとえ6歳になっても、大人のような「努力」の態度を子どもに求めることはできない。しかし自分のしたいことなら、最後までやり遂げようとする気持ちが幼児には起こってくる。このやり遂げたという達成感が連続すると、やがてさらに困難な課題に直面しても、それをやり遂げようとする頑張りの気持ちが展開していく。したがって「楽しみ」と「やり遂げる」ことが対になっていることが重要である。「やらされている」という強要感があった場合、決してそうした態度を形成していくことはできない。

2　共同で生活する

(5)「友達と積極的に関わりながら喜びや悲しみを共感し合う。」

　社会生活の基本は、仲間とともに喜びや悲しみを分かち合うことである。つまりは、他者を物としてではなく、感情を持った生き物であり、喜びや悲しみを分かち合う存在として理解し、接するということである。これは人間同士が結びつく根幹である。この意味で、遊びを通して、楽しさを喜びとし、また－例えば、飼育物が死んでしまったとき－悲しみを感じ、その際、お互いに励まし合うことは何よりも大切なことである。もちろん大人のような態度は期待できないが、そうした社会生活の原体験を幼児期にすることができる。もちろんこうした共感のためには、単に子どもの活動に任せ見守るだけではなく、そうした感情が呼び起こされるに相応しい、保育者の気遣い、言葉がけが重要である。

(6)「自分の思ったことを相手に伝え、相手の思っていることに気付く。」

　3歳児になると、自分と他者との区別が徐々につくようになる。事物についての予測も含め、人間関係においても、徐々に未来の展望ができるようになる。つまり「こうなるだろう」ということを意識し始めるのである。期待をこめて活動するのも、この時期である。他者に対する期

待は、人間関係の深まりの良いきっかけとなる。

　さらに5歳になると、4歳になった当初よりも、大人に頼らず、自分たち同士で解決しようとする気持ちも生じてくる。それは、自分の思いを言葉で伝え、しかも相手が何を考え感じているかを把握することによって、可能になるのである。

(7)「**友達のよさに気付き、一緒に活動する楽しさを味わう。**」

　4歳児では、自分の思いと、他者の思いを両立させるという、一見両立困難に思える経験をも、するようになる。大人のような落としどころは見つけられないかもしれない。しかし、子どもたちなりに、丁度良いところで折り合いをつける経験も可能となる。こうした社会性は、自分自身の価値と他者の価値とを共に受け入れる気持ちを育んでいく。

　5歳のごっこ遊びでは、協同遊びが目立つようになる。この遊びは、自由な発想から心ゆくまで遊びこめる要素があり、より複雑化し、試行錯誤的な要素も入ってくる。考えながら、友達と協力して遊ぶことにより、小学校生活の土台が出来上がっていく。

(8)「**友達と楽しく活動する中で、共通の目的を見いだし、工夫したり、協力したりなどする。**」

　4歳では、友達グループが出来上がり、他のグループと接触することによって、色々な摩擦も起きてくる。もちろんそれは避けた方が良いものではなく、むしろ貴重な体験となる場合が多い。集団同士の摩擦を解消していくことは、確実に子どもの将来の生き方にプラスになっていくからである。

　5歳児ともなれば、園の中でのいわばお兄さん、お姉さん的な役割を担うので、年下の子どもたちへの援助も、自分の誇りとして行うことができるようになる。また保育者の力になることを心から喜び、味わう時期である。さらに園の中での当番活動もこなせるようになる。こうして、協力体制を学ぶ機会もまた豊富になる。

　6歳の子どもたちは、友達と意見を交換することなどができ、ベスト

な調整を行うような経験が重ねられる。こうした協調的な態度は、生涯にわたっても、有効な資質、能力となる。

3 ルール・規範意識と園外の人との関わり

(9)「よいことや悪いことがあることに気付き、考えながら行動する。」

4歳児の場合には、園に慣れ、規則やきまりもわかってきて、自立への心が芽生える時期である。これをしたい、あれをしたいという意欲が強く現れる。しかしその割には、他者の中での自身の立ち位置まで気づきにくいのが、4歳児の特徴でもある。そして仲間うちのルールは、自分で勝手に変えることができないので、ルールを変えるための相談、話し合いも生じてくる。

5歳後半ともなれば、自分たちのグループで決めた決まりを遵守しようとする傾向も強くなる。もちろんこのルールに不都合なことが起これば、4歳児以上に、柔軟かつ合理的に改変していくことも、学ぶことができる時期である。

(10)「友達との関わりを深め、思いやりをもつ。」

園の中での他者の存在は、次第に、仲間であるという意識を呼び起こすきっかけになる。しかし仲良くするだけではなく、競争心もまた生まれてくる。4歳児になる頃には、自分の思いが通らず相手の意見を受け入れたり、あるいは自分の思いを他者が受け入れてくれることを経験しながら、子どもたちは友達同士の関係を深めていく。そうして思いやりの気持ちが育っていくのである。

(11)「友達と楽しく生活する中できまりの大切さに気付き、守ろうとする。」

3歳児は、仲間と遊びながらも、個々にバラバラに活動する平行遊びを行うことが多い。しかし互いに全く無関係というわけではなく、他の子どものやっていることを見てまねたり、遊び道具を媒介として友達同士で関わったりすることも出てくる。

ところが4歳を経験し、5歳になる頃には、目的活動を行えるように

なり、より先を見通すことができるようになる。そして自分たちの目的のために、各メンバーが役割を負うことを学ぶようになる。またきまりや手順を守らなければ、目的が実現できないことを、遊びを通して学ぶようになるのである。

(12)「共同の遊具や用具を大切にし、皆で使う。」

人間関係は、物を介してのつながりという側面もある。特に園にあっては、遊具や用具には、子どもたちが共通で使うものが多い。ルールとして順番に使うこと、また自分だけのものではないので、大切に扱うことも、重要な心持ちである。いわば、子どもたちは遊具や用具を通して、人との接し方を学ぶ。ここで保育者の役割が重要なのは、保育者が遊具や用具をどう扱うのか、ということである。それを子どもたちが見て、模倣するからである。

(13)「高齢者をはじめ地域の人々などの自分の生活に関係の深いいろいろな人に親しみをもつ。」

園生活に慣れてきて、先生や友達の活動を手伝う中で、人に役立つことを素直に喜び、集団の一員としての自覚が生まれるようになる。さらに園外に出て行って、地域の人々と接することにより、自分の人間関係を広げていくことができる。特に地域の高齢者や、障害のある人たち、あるいは異文化を背景とした人々と接することは、その後の子どもの、世界観に広がりを持たせることになる。いわば、外側に開いた人間関係を築くための基礎がここで培われるのである。

【参考文献】
『平成29年告示・幼稚園教育要領・保育所保育指針・幼保連携型認定こども園教育・保育要領』チャイルド本社、2017年
谷田貝公昭監修『保育用語辞典』一藝社、2007年

(大沢 裕)

第9章　0〜2歳児の人間関係を育む保育実践

第1節　0歳児の保育事例と留意点

1　基本的信頼関係とは

　0歳児は人間にとって基礎となるものを獲得する重要な時期である。その中に「基本的信頼感の獲得」がある。ボウルビィ（John Bowlby 1907〜1990）は子どもの育ちの環境として特定の大人の関わりが重要であることを「母子関係の理論」（1958年）で述べている。愛着理論といわれ、特定の大人が自分の生活に関わり、自分の思いを受け止め、満足ができるような関わりを持ってくれたという体験を通して、子どもは特定の大人との間に愛着関係を築き、基本的信頼感を獲得する。そこで十分に愛情を受け、自分の欲求に対して、「そうなの」「〜がしたかったのね」などの応答的な関わりをしてもらうことで子どもはその大人を自分自身の「安全基地」とする。この「安全地帯」を基盤として子どもは身近な大人への関心を広げるとともに周囲に向けて働きかけ探索するようになるのである。

　保育所に入所した子どもはまず、新しい環境、新しい保育士に慣れることから始まる。家庭で母親との間に愛着関係を築いてきた月齢の高い子どもは母親と離れると大きな声を上げ、泣き、母親を追いかける。やがて、保育園が子どもにとって安心できる場所であることがわかり、保育士との間に信頼関係が育ってくると子どもは母親の代わりに保育園の保育士との間に愛着関係を築いていく。特に0歳児クラスでは複数担任

で保育するため、子どもが特定の保育士と愛着関係を結びやすいように、緩やかな担任制をとっている保育園が多い。食事、昼寝の時は必ず特定の保育士が担当の子どもに関わるようにするなど場面を決め、その場面では、決まった保育士が特定の子どもに関わることで、子どもとの信頼関係を築き、その子どもの姿を知ることで保護者とも信頼関係を築くことができるのである。

> **事例1**　7カ月のS子は入所当時から泣くことがなく、スムーズに保育園に慣れてきたかのように思われた。しかし、入所してから、1週間ごろより、母親と離れるときにぐずるようになる。時には、「行かないで」というように母親にしがみついて離れない場面も見られた。そこで、保育士が「いってらっしゃい。早く帰ってきてね」と母親に声をかけ、母親がS子をギュッと抱きしめるということを毎朝行うことでぐずることはほとんどなくなった。その頃より、S子が特定の担当保育士に甘える姿が見られるようになった。また、母親は子どもが保育士に慣れたこと、また仕事に行く前に泣かなくなったことに対して担当保育士に対して信頼を寄せるようになり、子育ての悩みや、仕事に対する悩みなどを相談するようになった。母親が保育士に信頼を寄せていることが子どもにも伝わるのか、子どもも担当保育士に対して安心して保育園生活を過ごすようになった。

この事例ではS子の不安に対し、保育士がS子の気持ちに寄り添い、母親との愛着行動である「後追い」を受容したこと、母親が分離の時にS子をぎゅっと抱きしめるというS子にとって安心感を感じるさせる状況を作ることを母親に提案し、必ず母親がお迎えにくるという見通しをS子に示したことで、S子のなかに保育士への安心感が芽生えたと言えるだろう。またS子の担当保育士として生活の大半部分で1対1の関わりを持つことにより、S子との間に愛着関係を培ったことで保育士との基本的信頼関係を築くことができたのである。このように、保育士との間に愛着関係を結ぶことのできた子どもは他の保育士、同じクラスにい

る子どもへと人に対する関心が広がってゆくのである。

2 三項関係の成立とは

　生後10カ月頃より、他者に対してコミュニケーションをとる手段として「指さし」が始まる。そして、この「指さし」の出現は子ども―他者（主に大人）の「二項関係」を経て、子ども―他者―モノの間に「三項関係」が成立したことを示す姿である。加藤繁美（1954年～）は『子どもの隣に座り、目線を共有する（共同注視）姿勢を作ることが大切である。子どもの中につくられた意味の世界に言葉を添える、そんなゆったりした時間が三項関係の基礎となっていく。』と述べている。また、須永美紀（1966年～）は『乳児同士の関わりのカギとなっているのは「共振（resonance）」であると考えられる』と述べている。乳幼児同士の関わりの中において「場面」に共振するとは自分の関心ある「場面」に子ども自らが積極的に接近し、遊んでいる子どもと「おもしろい」という快の気持ちを共有していくことである。やがて快の気持ちの積み重ねにより、相手を特別な他者として認識するようになると説明している。子どもが他者との同調・共感を基に自身の探求・探索活動を活発にさせながら、他者とコミュニケーションを培っていく上で須永の『「場面」に共振する』という説は興味深いと言えよう。

> **事例2**　B子はガラガラの玩具を振りながら保育士の方を見ている。隣で遊んでいるAのおもちゃが気になるようで、横目でチラチラ見て、Aのおもちゃを指さしている。Aが手からおもちゃを離したのでB子に「このおもちゃが欲しかったのね」とAが持っていたおもちゃを渡すとうれしそうに、にこにこしながら、渡されたおもちゃを手でいじっている。

　この事例のように言葉にはならない子どもの気持ちや欲求を指さしや表情から、理解・共感し、子供の言葉にならない言葉を「〇〇ね」と返していくことが大切である。子どもが「自分の気持ちをわかってもらえ

る」と感じることは自分が受容されたという安心感・満足感を感じることにつながると同時に、子どもの安定した情緒や他者への信頼感・自己肯定感を育てるためには必要な事である。このように、子どものしぐさやまなざしから気持ちや欲求を感じ取り、その言葉にならない思いを言語化していくことで、子どもの思いを理解していることを言葉で伝えることが子どもとのコミュニケーションを図るために必要である。そして、この非言語の時代に特定の大人から愛情豊かな応答的対応で育まれることで、人間関係の基礎を形成し、コミュニケーション能力を培っていくのである。そのため、乳児期の子どもに対して応答的対応を心がけることが重要なのである。

第2節　1歳児の保育事例と留意点

1　自我の芽生えと自己主張

　1歳児は、自我がめばえる「自己主張期」であることが発達上の大きな特徴であるといえる。「じぶんで！」「いや！」と言いながら、自分自身で色々なことを試してみたいという意欲が高まってくる時期である。思い通りに行かず、かんしゃくを起こす場面も見られるようになる。この時期になると、大人との信頼関係を基にして他児に対しての関心が広がってゆくのである。

> **事例3**　大好きな保育士が他の子どもに絵本を読んであげている。それを見てF男は急いで自分の好きな絵本をもって保育士のところに行き、先に読んでもらっていたC子を手で押してどかせようとする。急に押されて、C子が泣き出す。保育士がF男に「C子ちゃんのこと押さないでね。C子ちゃん、びっくりして泣いちゃったよ。」と話しかけると、F男はいきなり持っていた絵本を投げて泣き始めた。

「自分の先生」がわかり「自分の」という所有意識も芽生えてくる時期でもある。事例では「自分の先生」なのに自分以外の子どもと絵本を見ている。そのことに対して理不尽だと思う自身の気持ちを理解されず、「自分の先生」である保育士から注意されたことに納得できない、F男の姿がある。自己中心的な考えが強く、自分の思いが保育士に伝わらないことに怒り、泣いたのである。この後、この保育士はF男の気持ちに寄り添いながら「F男ちゃんも絵本を読んでほしかったのね。お隣に座りたいときは、入れてって言ってくれるとCちゃんも「いいよ」って言ったと思うよ。さあ、一緒に絵本見る？」と声かけをしていた。F男の気持ちを言葉で返すことによりF男の気持ちはわかっていることを伝えながら、自分のしたいこと、気持ちを言葉で相手に伝えることを知らせている。ただ、行動を見て判断するのではなく、「トラブルをとおして友だちとの関わりを学ぶ時期」であることを十分に理解し、子どもの気持ちに寄り添いながら、子どもが自分の気持ちを言葉で他者に伝えるコミュニケーションの方法を知らせていくことが大事である。

2 自他の区別

1歳児になると、自分の物と他人の物の区別がつくようになってくるが、まだ「自分の！」の気持ちが強い時期である。子ども同士のトラブルとしておもちゃの取り合いが多くなる時期でもある。

> **事例4** 機関車のおもちゃを見つけたB男は線路の描かれているカーペットに機関車を走らせて遊んでいる。そのそばで、H男は電車のおもちゃを走らせて遊んでいたが、B男が他の種類の機関車を探そうと機関車を手から離した瞬間、サッと機関車を取ってしまう。B男は気づくとH男につかみかかり「ぼくの、ぼくの」と言いながら、機関車を奪い取ろうとしているがH男は離そうとしない。

ここで機関車はB男にとっては他者には共有されない「自分だけのもの」であり、それを言葉にして伝える力が十分に育っていないために起

こったトラブルである。このようにものの取り合いをするのは自分と他者の区別がつき、相手も自分と同じ主体だと認識できるようになったからである。保育士はトラブルが子どものケガにつながらないように注意しながら、子どもにとって子ども同士の関係を築く大切な段階であることを理解することが必要である。子どもの気持ちを大切にしながら、保育士が仲介となり、互いの気持ちを言葉で相手に伝えていくことが大切である。

気持ちを言葉で伝えることにより、自分の気持ちを保育士がわかってくれたという安心感を子どもに抱かせるとともに相手にも自分と同じように思いがある存在だということを知らせていくことが大切である。子どもに他者という存在を知らせていくことが、人間関係を築く第一歩となるのである。

第3節 2歳児の保育事例と留意点

1 友だちを意識しながら

2歳児になると身の回りの生活を模倣して遊ぶ見立て遊びやごっこ遊びを楽しむようになる。と同時に、他者の行動を見て、「おもしろそう」「やってみたい」と感じたり、それをまねすることで自分に取り込み、社会のひな形を学習していく時期でもある。

> **事例5** 園庭に出ると男児は4人から5人が一斉に三輪車のところに走っていく。一人一台ずつ、三輪車に乗るといつのまにか、順番が決まり一列になり、ツーリングが始まる。順番は暗黙の了解で決まる。園庭を走らせながら途中で止まり見立て遊びをしている。鉄棒ではガソリンスタンドに見立て、チケットを配る姿も見られる。

身近な生活の場面が「まねっこ」を通して再現され、子ども同士が共感しあって、仲間意識を築いていく。この事例では、暗黙のうちに子ど

もの関係が子どもの中で自然に作られているのである。1歳児のように平行遊びをするのではなく、互いに関わりながら、大人同士のような会話を模倣するなど、なりきって遊ぶ姿が見られるようになる。他者である友だちを意識し、一緒に遊ぶ楽しさを感じる時期である。その反面、相手と自分との境界があやふやになり、自分が思っていることを相手が理解できないことに怒りを感じ、トラブルに発展する場面も見られるようになる。自分が好きなものは相手も好きだと思い、相手が嫌いだといったことに納得できない子どもの姿がある。保育士は「A君も好きだと言ってほしかったのね。」と子どもの気持ちをいったん受け止めながら、人にはそれぞれ違う気持ちがあることを知らせていくことが大切である。

この時期の子ども同士の関わりはとても密接で以心伝心で通じ合っているかのように思える場面を多く目にすることがある。子どもの遊びを見守りながら、子ども同士の思いがすれ違ったり、衝突したときに互いを理解できるような適切な援助ができるよう心がけていくことが必要となる。

2 特定の友だちから

少しずつ、子どもの中に特定の友だち関係が芽生え始める。時には互いを同一視しているかのように思えることがある。身近な大人との間に築いた「共感関係」を子どもは他児との間にも築いていく。

> 事例6　2〜3人ぐらいの仲良しが出来上がると、女児の遊びの中で頻繁に聞かれるようになる「仲間に入れてあげない」。遊ぶときはいつも一緒だが、けんかをすると「もう、遊ばない」。しばらく、別々の場所で一人遊びをしながら、お互い、相手のことをチラチラみている。ふっと、二人の気持ちが重なるのだろう。自然にそばに寄り添いながら、楽しそうにまた一緒に遊び始める。

「○○ちゃんが好き」「一緒に遊びたい」という気持ちが強くなってく

る。その反面、互いの思いがすれ違うことでケンカをするが、また仲良くなるなど、繰り返し行いながらお互いに気持ちの折り合いをつけることを学習していく。「ケンカをしないの」と言葉をかけるのではなく、子ども同士が遊びの中で互いを認め合うことのできる場を作っていけるように配慮することが重要である。また、この時期の子どもたちのトラブルには保育者は安易に関わらず、子どもを見守りながら子どもたちがそれぞれ自分自身で納得できる解決ができるよう援助していくことが必要である。子ども自身で解決できた時には、その経過をきちんと理解し、子どもが成長したことを喜べる保育者でありたいと考える。

　子どもは遊びを通して他児と共感できる体験・活動を十分に行い、その中で個々の良さを他児と認め合い、「みんなで遊ぶと楽しい」という実感を育て、友だち同士の関わりを豊かにしていくのである。友だちと楽しく遊ぶためには、自分の気持ちや感情をコントロールしなくてはいけないことを遊びの中で学習していくのである。保育者はこのような、子どもの気持ちを敏感に感じる感性や共感する気持ちを持ちながら、子ども一人ひとりに寄り添い、子どもが他者とより良い関係を築けるよう援助していくことが大事なことである。

【引用・参考文献】
　加藤繁美著『0歳〜6歳　心の育ちと対話する保育の本』学研プラス、2012年
　佐伯 胖編、須永美紀・宇田川久美子・三谷大紀・高嶋景子著『共感　育ち合う保育の中で―』ミネルヴァ書房、2007年
　長瀬美子著『乳児期の発達と生活・あそび』ちいさいなかま社、2014年

（長谷川直子）

第10章 3〜5歳児の人間関係を育む保育実践

第1節 他児との「関わり」を育む3歳児

1 新たな生活の場に寄り添う保育者

　集団生活を初めて経験する子どもがいる。子どもは、保育者との安定した人間関係を築くことから始め、保育者を心の拠り所として、集団生活における人間関係を広げていくのである。保育者は子どもを丁寧にみて「不安だね」「さびしいね」などと不安な気持ちを代弁したり、「頑張ろうね」「○○なら大丈夫だよ」などと励ますことが重要になる。気持ちの代弁や励ましを通して、人間関係の育みを支えていくのである。

2 他児の存在に気づく

　子どもは、一人ひとり自分の世界を有しており、その世界に没頭していく。ひとり遊びは、自身の内的世界（イメージ）を広げる上で重要であり、いずれ他児と一緒に遊ぶための準備段階となる。内的世界に没頭している時は無理に介入せず、満足のいくまで遊ばせてあげることが大切になる。1人で遊んでいるとき、たとえ他児が同じ場所で遊んでいても、お互いに関わり合うことはあまり見られない。「自己中心的」で玩具を独占し続けることに何ら疑問を抱かないのである。そうした時、保育者は、子どもの内的世界を見守りながら、「○○君。その玩具△△君も使いたいみたい。貸してあげられる？」というような声掛けをする。そうすることで、同じように興味関心を持っている他児がいることに気

付くことができるのである。

3 「関わり」から葛藤へ

他児の存在に気付くことで「関わり」が生じる。独り占めできていた玩具や遊びを、他児と共有しなくてはならない場面に直面する。欲求のぶつかり合いによって「葛藤」が生まれる。保育者は単に「貸してあげてね」「一緒に仲良く遊びましょう」と促すのではなく、葛藤がある子どもの「なぜ、貸してあげられない」「入れてあげられない」のかという気持ちに寄り添うことが大切である。そして「貸して」「入れて」もらえなかった他児の気持ちをお互いに伝え合えるような機会や、働きかけによって人間関係の育みを促すことができるのである。

4 「関わり」を橋渡しする保育実践

> 事例1　3歳児クラスの朝は特に慌ただしい。保育者は母親と離れることを渋る子ども、その場に立ち尽くし動こうとしない子どもなど、個々の対応に追われる。そんな中、A児は黙々と自分の身仕度を終えると、お気に入りの絵本を読んでいる。A児は近くで泣いているB児が気になる様子である。「Aくん、Bちゃんも誘って一緒に絵本を読んだらどう？」と保育者が問いかけてみる。A児は保育者の言葉に顔をあげたが再び絵本に顔を戻した。
>
> 　次の日の朝、A児はいつものように身仕度を済ませ、絵本を読み始めた。B児は今日も泣いている。するとA児はB児の近くに移動し、絵本がB児に見えるように読み始めた。B児はA児の本に見とれ、泣き声が小さくなっていった。1週間後、A児はB児の身仕度を手伝い手を取り合い、いつも決まった場所で絵本をみることが2人の朝の日課となった。

子どもは自身のペースで園生活に適応しようとしている。Bのように母親と離れることを泣くことにより、気持ちの整理をしている子どもや、

Aのように淡々と身仕度をこなすことにより、園生活での不安を和らげようとする子どももいる。保育者はAに対して「誘って一緒に絵本を読んだらどう？」と働きかけをし、関わりを橋渡しているのが分かる。

第2節　「他者理解」を育む4歳児

1　遊びの発展

　遊びを分類したパーテン（M.B.Parten 1902～1970）によれば、2～3歳頃は「ひとり遊び」「傍観者遊び」、そして集団で一緒に遊んでいるが、お互いに関心を示さない「平行遊び」がみられるようになる。4～5歳頃になると、道具の貸し借りが生じてくる「連合遊び」や、ルールや目的によって役割分担がみられる「協同遊び」へと発展していく。つまり、「ひとり遊び」「傍観者遊び」「平行遊び」は他者との関わりが少ない遊びと言え、「連合遊び」「協同遊び」は他者との関わりによって遊びが成立するのである。つまり、そこでは他者理解が大切になってくる。

2　ごっこ遊びを広げる保育者

　他者理解が伴う遊びの1つとして「ごっこ遊び」がある。ピアジェ（Jean Piaget 1896～1980）は認知発達の側面から「機能的遊び」「象徴的遊び」「ルール遊び」と3段階で変化することを述べている。ごっこ遊びは「象徴的遊び」の1つであり、「お店屋さんごっこ」などを他者と楽しむようになる。遊びのなかで、相手の立場を理解する「心の理論」を獲得していく。例えば、4歳頃の「お店屋さんごっこ」であれば、どんなお店屋なのか、何を買いにきたなど様々な空想のやり取りが行われる。保育者は「これください」とお客さん役になり、「○○はどうですか？」などと、子どものイメージが膨らむ問いを投げかけてみる。問い

に応えようとすることは、他者の視点から物事を理解できるような人間関係を育む機会になる。

3 「いざこざ」から生まれる他者理解

遊びが複雑化してくることによって、いざこざも多くなる。いざこざについて倉持［2001］は、他者との主張のぶつかり合いであり、他者の存在、自分とは異なる他者の考えに気付かされると指摘している。つまり、いざこざは自分とは異なる他者の意見に気付き、他者理解を促すものである。3歳頃は、自分の欲求が中心であり「自己中心性」による所有問題（物を「取った、取られた」）によるいざこざになる。そして、4～5歳頃になると規則違反（ルールを守る）や遊びに関する非同意（要求や主張）によるいざこざが増加する。いざこざが生じた際に、保育者の介入のタイミングが大切である。子どもに「なぜ、いざこざが生じたのか」「どうすればいいのか」などといった解決策を考えさせるような働きかけが、人間関係を育んでいくのである。そこでは、「○○君はこうしたけど、私も□□すればよかった」など相手の様子や気持ちを理解し合うことによって、新たな人間関係の構築に繋がっていく。

いざこざの様子

4 保育者の他者理解を育む保育実践

事例2 初夏、4歳児は砂場でどろんこ遊びを楽しんでいる。おだんごを作ったり、大きな穴を掘ったり、そこに水を流したりと、いつの間にか少人数のグループがいくつか出来上がった。しかし、男児CとDはどろんこ遊びに参加せず、虫集めのカップを持ってアリ探しをしている。そしてCとDは見つけたアリを他の園児が掘った

> 穴に入れ、その上から水を注いだ。それを見ていた園児たちが「アリがかわいそうだ」「せっかく掘った穴に何するんだ」「CとDなんてきらいだ」と口々に言い始め、保育者にCとDの行動を訴えた。

　CとDは他児を困らせた理由に気付いていない。アリ探しを楽しみ、アリにもどろんこ遊びをさせたかったという思いがある。保育者はCとDのアリにもどろんこ遊びをしてほしいと思った優しさを褒め認めた。そして、他児に対しては「C君とD君は、暑いからアリさんにもどろんこ遊びをしてほしかったんだって」とその思いを伝え、「よし、穴の修理、大作戦だ」と気持ちが切り替えられるようフォローし、楽しい雰囲気の中でどろんこ遊びが行えるよう配慮した。そうした配慮によって相互に他者の気持ちを理解させることができる。そして、その日の降園時間に保育者はアリの絵本の読み聞かせを行い、他者理解を深められるような機会をつくった。

第3節 「考え合う力」を育む5歳児

1 他者の個性や得意技を認識する

　最年者としての自覚や役割意識が生まれ、年下の他児に関心を持ち、自分の得意技を披露し一緒に遊んだり面倒をみたりする。そしてまた、集団生活の中から経験によって、見通しをもって考え行動できる。保育者は、子どもが「どうすればよいか」を一生懸命に考えていることに共感し見守り、必要に応じてアドバイスをする。そうすることで、他児にどう伝えればよいのかを考え、発信していく力を育むことができる。

　子どもは、お互いに何に興味がありどんなことが得意なのかということを認め合うようになる。気の合う他児だけでなく、得意技を持っている他児の傍にいき、自分もその得意技を教えてもらったり、楽しんだり

する関わりが生まれる。保育者においては、子ども一人ひとりの得意なことを把握し、その子どもにスポットライトが当たる（「虫のことなら○○君に聞いてみよう」など）ような保育実践が大切である。そうすることによって、子ども同士の人間関係を深めることにも繋がるのである。

2　遊び体験から身につく自己抑制

　自制心は、自分の意見を表明する自己発揮と、それらをコントロールできる自己抑制である。5歳児における他児との関わりでは、お互いの意見を聞いてから物事を考え進められるようになる。例えば、遊びを決める際、個々人がやりたい遊びを表明し、同じようにやりたい他児がいる場合は、「どうすればよいか」という意見を出して話し合いで決定する。そこでは、自分の主張を我慢する子どもも出てくる。他児の様子から自分の気持ちに「折り合い」を付けたり、みんなで決めたルールは守るなどといったことから人間関係を育んでいくのである。保育者においては、トラブルが生じた際に、問題がどこにあるのかを焦点化する。そして、子どもと一緒に解決策や手立てを考え、解決に向かっていくようにすることで、子どもの「考える力」を育むことができるのである。

3　「協同」しながら考え合う

　子ども同士の関わりが深まり、他者理解が進むことによって、みんなで一緒に1つのことを成し遂げる喜びを味わえるようになる。例えば、学芸会（『エルマーのぼうけん』の劇など）に向けて、台詞を覚えたり、他児の行動をみて自分の出番で行動するなどの練習をしていく。練習は長期に渡るが、劇が成功できるように「協同」していくのである。保育者は、子どもの「考え合う力」を育むために、子どもの意見を尊重し、自分がクラスの一員であることを自覚させていく。そして、1人ではできないことも力を合わせればできるという経験を促していくことが重要である。

4 「考え合う力」を育む保育実践

> **事例3** 毎年、恒例の年長組主催のお店屋さんの売買ごっこが1週間後に控えている。買い物に来てくれるのは年少、年中組の子ども、保護者、そして近所の老人ホームの方々が来園することになっている。出店するお店は、お弁当屋さん、花屋さん、パン屋さんなど、自分のやりたいお店を選び品物作りに勤しむ。空き箱や、折り紙、毛糸、割りばしなどを駆使して、次々と品物が出来上がっていった。前日、品物を並べ「いよいよ明日だね、お客さん喜んでくれるかな」などと保育者が口にすると、おもむろに数人の子どもが「先生、大変だ、レジがない」と言い出した。一方で、「レジがなくても、大丈夫だよ。計算係がいればいい」と主張する子どもも出てきた。子どもたちの言い合いが始まった。保育者はしばらく彼らの考えを見守ることにした。そうしたところ、「じゃあ、計算係がレジをやろう」と提案が出され、「そうだね」ということで考えがまとまった。そして、子どもは「レジを作りたい」と保育者に訪ねたが、保育者は「レジをどうやって作る？」と疑問を投げかけた。そして子どもたちがまた考えて、ダンボールで作ることになった。そこでも、保育者は、子どもが思うような段ボールのサイズがないことを伝えると「じゃあ組み合わせて使おう」とみんなでレジを作り始めた。

子どもは、生活体験の中から買い物でレジは必要不可欠であることを学んでいる。レジを作ることになったが、思うような材料がない。そこでまた、「じゃあ組み合わせて使おう」という考えで、共に活動ができた。保育者の考えを促すような働きかけや見守りが「考え合う」保育実践を展開できたといえる。レジを組み立てる際に交わした子ども同士の会話、出し合ったアイデア、レジを作

レジづくり

ることを諦めようとした友だちへの対応、などすべてが生きる力に繋がってくる。

5　3〜5歳の人間関係を育むために

　3〜5歳の人間関係を育むような保育実践について、「（他児との）関わり」「他者理解」「考え合う力」ということに着目してみてきた。子どもの人間関係は、他児と自分、保育者と自分という2者関係から始まっていく。保育者と安定した関係を築きながら、他児と保育者と自分という3者関係、集団の中の自分という関係などを経験する。保育者においては、子どもの発達段階や生活体験を丁寧に捉え保育をする必要がある。例えば、3歳児のいざこざの場面においては、子どもの葛藤や他児の気持ちの代弁を行い、人間関係の「橋渡し」が大切であった。それが5歳児では、直ぐに介入せずに自分たちでどうすれば解決できるのか「考え合う力」の育みが大切であった。集団生活によって多様な関係を経験することで、子どもは他者や自分についての認識を深めていく、保育者には多様な関係をプロデュースしていく保育実践が求められているのである。

【引用・参考文献】
　小田 豊・奥野 正義編『保育内容 人間関係（新保育ライブラリ 保育の内容・方法を知る）』北大路書房、2010年
　倉持清美・無藤隆編「第8章　仲間と出会う場としての園」『保育・看護・福祉プリマーズ⑤　発達心理学』ミネルヴァ書房、2001年、pp.109-126.
　谷田貝公昭 監修、小櫃 智子・谷口 明子 編『実践保育内容シリーズ人間関係』一藝社、2016年

写真：筆者提供

（小沼 豊）

第11章 家庭との連携で育む人間関係

第1節 家庭が抱える子育ての問題

1 家族の変化と子育ての現状

　近年、家族の形態が多様化している。少子化に加え、晩産化が進み、子育てする親の年齢が以前の世代より高くなった。家族構成をみると、一人親家庭、ステップファミリー、国際結婚の家族は珍しくない。

　また、性同一性障害で性別変更した女性が特別養子縁組で母親になることが家裁で認められ、今後ＬＧＢＴ（エルジービーティー《lesbian, gay, bisexual, transgender の頭文字から》性的マイノリティーであるレスビアン・ゲイ・バイセクシュアル・トランスジェンダーの総称）の人たちも子育ての担い手となることが予想される。

　子育て環境を考えると、ワークライフバランスが奨励される社会になったが、子どもの預け先が決まらず待機児童となって職場復帰に不安を抱えている母親や、イクメンという言葉が馴染んできたが、育児に戸惑ったり、職場環境が厳しく思うように子育てできない状況の父親もいる。熱心に子育てに協力する祖父母もいれば、孫の世話を好まない祖父母もいる。一方で、子育てを自分だけのものとして、自分の親（祖父母）や他者から干渉されることを嫌がる親もいる。

　保育においては、子どもがどのような家族のもとで、どのような暮らしをしているか、それぞれの家庭の在り方を理解することが大切である。

2 子育ての問題

(1) 子ども虐待

　子育ての不安は出産前から始まる。母親は妊娠というストレスや出産後の育児環境の心配などを抱えているが、通常、母子の人生は周囲の支えで守られている。しかし、望まない妊娠や産後うつの発症、DVなどパートナーとの関係が良好でない状況におかれると、子どもへの不適切な養育を生じさせやすい。また、子どもの特性により育てにくさに苦しむ場合や親のメンタルヘルスの不調で子育てが思うようにいかない場合、経済的な生活の不安定さが精神的な不安定さと結びつく場合などは、社会的な支援が急がれる。

　最近では、晩産化の夫婦は育児と親の介護の「ダブルケア」の問題でケアの疲れが子育てに影響することがあり、予防を検討すべき社会問題となっている。

　子ども虐待には、身体的虐待、心理的虐待、ネグレクト、性的虐待などがある。これらの虐待は実際には重なり合うようにして生じている。特に心理的虐待は他の虐待に伴って必ず起こっている。虐待は子どもの心に傷を与え、その後の人生に生きにくさを感じさせる。また、子どもは虐待されているという認識を持ちにくくSOSを自ら発することは多くない。

　子ども虐待を防ぐためには、妊娠中から社会的に母親支援を行うことが望ましい。保育の場においては、保育者が子どもや親の変化を感じ取れるように日々研鑽し、虐待の予防となる働きかけをすること、虐待を早期に発見しさまざまな機関と連携し、継続的な支援が受けられるようにすることが大切である。

(2) 貧困

　近年、経済格差が広がっており、親の貧困は子どもの人生に影響を及ぼす。生活費の不足や親の金銭管理の未熟さにより、子どもが十分な栄

養を取れない、予防接種や医療を受けることができない、日々の活動に必要なものを準備することができない、友達と一緒に遊んだり行動するために持っていたほうがいいものがなく、仲間に入る機会を失ってしまうなど子どもの負担が大きい。また、親が生活に追われ子どもと十分なコミュニケーションがとれず、幼少期に必要な親子の愛着形成や安定した情緒を発達させにくいと他者との良好な対人関係を発展させることが難しくなる。また、塾や習い事を制限され学習の機会を奪われると、将来的に学歴や職業選択で不利益が生じ、貧困の世代間連鎖を招くことになる。

　保育者は、貧困の現状を知り、親子を社会で孤立させず、必要に応じて社会的資源に繋げ、親子の生き抜く力を応援すること、思うようにならない環境でくすぶり続けている子どもの自己肯定感を高め、人生を諦めないよう、育ちを保障する保育を考えていかなければならない。

第2節　家庭との連携

1　保護者との関わり

　保護者全体に情報を発信していく手段として、園便りやホームページがある。これらは、子どもたちの日々の活動やイベントの写真、給食の献立など保護者に園の活動や子どもたちの成長を知らせるツールである。その時々の子どもの発達に必要な親の関わりを伝えていくこともできる。

　連絡帳は家庭と園との情報交換に役立つが、情報の内容のみでなく、保育者とやり取りをするということで保護者に安心感を与え、何度かの日常的なやり取りの後に保護者が気になっていることを保育者に伝えることもあり、重要なコミュニケーションツールである。

　保育参観日や運動会、親子遠足などの行事では、普段出会わない子ど

もの家族と出会うこともあり、保育者が親子の関わりを深める手助けをするのみでなく、子どもがそれらの人々とどのような日常を過ごしているのか知ることができる機会でもある。

　一方、保護者が園で体験する保育参加の経験は、園での子どもの育ちを共有し、園の活動や保育者の仕事の理解を深めるものである。

　何といっても保育者と保護者の日々の関わりの積み重ねは大切である。朝夕の送り迎えの際のちょっとした会話は短いやり取りではあるが、丁寧に関わり続けることが保護者との人間関係の構築に役立つ。

2　保育者と保護者の信頼関係作り

　保育者と保護者が良好な関係にあれば、保護者は園が行う保育の協力者となり、子どもの発達を促す力になる。保護者対応を誤ると保育者と保護者の間に信頼関係が作れないだけでなく、クレームや二次的クレームを生むこともある。

　日頃から、保護者の話をよく聴き、保護者の誰とでも分け隔てなく好意的に接し、それぞれの保護者の考えや子育てについて理解することが大切である。保護者の出す何度もの小さなシグナルに気が付かず、保護者の不満の感情が爆発しないようにコミュニケーションスキルを身につける。保育者が保護者の子育てに疑問を感じている場合も、保護者の子育てに受容的な関心をもつことように努める。

　そして、保護者が保育者に不安や不信感があるような態度で接することがあっても、保育者が自分の感情や考えについてモニタリングし、温かいまなざしを保護者に向けることができるように自分育てを行っていくことが必要である。

3　チームで協働する

　子どもを見るということも、保護者への対応も保育者一人で行うことは難しい。複数の目で子どもを見ることやその時にふさわしい役割をと

りあうことは、保育者の負担を減らし、子どもにより質の高い保育を提供することなる。さらに、保育者間の協働はもちろんのこと、保護者を保育のチームとして機能させることによって、子どもの家庭と連携できれば、保育現場、家庭と場所が異なっても、育ちに繋がる力が強められるだろう。

第3節　保育者と保護者の協働で子どもの成長を支える

1　保育者から家庭への子育て支援のありかた

　親や家族に対する子育て支援は、子どもが家庭で過ごすことに安らぎや楽しさを感じ、家庭での生活の質を高め、成長が保障されるために不可欠である。それぞれの親子に寄り添った個別支援を適時適切に行うことが求められる。

　個別支援は、子育てに戸惑っている親の自信を取り戻す手伝いをすること、親や家族の子育ての力を伸ばしていくことで子どもの発達によりよい変化をもたらすこと目的とするものである。ある保護者に対しては、子育ての負担感を減らすような助言や社会的資源の活用を提示する。別の保護者には親としての自覚を取り戻し、我が子をよく見られるようにし、今子どもに大切なことは何か一緒に考えていく。保育者にうちの子だけを見てほしいと要求する保護者には、子どもは社会的な存在であり、皆子どもは大切なのだという社会的親の姿勢を育てるようにする。子育てを一人で頑張っている親には、人の力を借りることも大切なことだと気付いてもらう。

　それぞれの暮らしのなかで、今、親子にとって一番大切にしなければならないものは何かを見失うことなく支援を提供していくことが重要である。

2 家庭からの発信により子どもの課題に気づき園で対応する

　子育て支援は、保育者から親や家族への片方向のものだけではなく、家庭からの情報をもとに園での保育を見直していくという連携もある。事例を元に考えよう。

> **事例1**　年長クラスのA君の母親から、A君が家で人の話を聞いていない、落ち着かないと相談があった。保育者は園で特に問題を感じることはなく、母親の心配のし過ぎではないかと思ったが、園に巡回相談に来ているカウンセラーにA君の様子を見てもらったところ、目立たないが落ち着かず、絶えず体のどこかが動いているということであった。カウンセラーから指摘を受けて、その後の保育で気をつけてみていくことにした。乱暴でもなくおとなしい園児だが、保育者の指示が入りにくく、それゆえ取り組みが他の園児よりやや遅く、自分のやっていることに区切りをつけられず、保育者の問いかけを聞いているのかどうか判断しにくい状態があることに気が付いた。母親は、発達の問題を懸念していたが、専門機関をすぐに受診するまでの気持ちに至らない様子だったので、今は受診を勧めず、園で発達課題をもつ子に対する個別の配慮を検討することにした。

3 保護者とのよりよい関係づくりから協働へ

　保護者とのよりよい関係づくりは、子どもの発達を促す環境づくりである。園での保育を充実させることによって、家庭での子育てに変化が生じるということもある。保護者と関わるときには、子どものために協働の道筋はどうたどればいいか考えながら、協力関係を慎重に進めていきたい。

> **事例2**　年長クラスのB君は乱暴で、すぐに殴ったり、蹴ったりする。他の子どもの保護者から苦情もある。年中クラスのときもその傾向はあり、以前の担任がお迎えの時に母親に何度か伝えたが、母親はB君を叱

> りながら帰っていった。そのうち母親は先生と話をするのを嫌がっているのではないかと思われるほど、そっけなくなったとのこと。今、担任の先生は何とか家での様子を聞きたいし、園での様子も伝えたいと思う。乱暴な態度も改善させたいと思っている。

　対人トラブルを起こす子どもをもつ母親は、謝ることが多い。繰り返し子どものことで注意をうけ、謝り続けていると、保育者や他の保護者が問題行動とは異なる話題で話しかけようとしても、我が子がまた何かして責められるのだろうと思い身構えてしまう。また、園で保育者から注意を受けた子どもは、親に子どもの問題行動を伝えることによって、母親のみでなく、それを聞いた父親やその他の家族からも叱られることがある。

　園から保護者に本人の様子を伝える前に、そのことを伝えるとどうなるか、その子に起こりうることを考える。親に対し子どもに言い聞かせて園での乱暴な行動を修正させようという期待はもたないほうがよい。園での問題行動を伝えても、親はどうしていいかわからないことが多い。起こった事実は伝え方を工夫し、同時に子どもの良いところも伝える。明日も元気よく登園してほしいと親子に向かって話す。母親には帰りに叱る状況を作らせず、「今日の夕食は何が食べたい？」などの問いかけをしてほしいと伝える。親の園への不満あれば、払拭しなければならないので、いつもうちの子ばかりが叱られるなどの不満を表現できる場面や園への要求を伝える場面（例えば担任以外に相談できる園長などからのアプローチ）を作ることも必要である。

　B君がなぜ乱暴をするかについては、どのような場面でどのように乱暴なのか細かく観察しながら、園で十分に遊び、何か得意なことを見つけ、少しの達成感があるような活動を見つけ促す。

　園でB君の甘えが満たされ、安定し、満足して遊べるようになると、B君の家庭での過ごし方に変化がみられることがある。親がB君の変化を感じ取れるようになったら、園を信頼してくれるチャンスであるので、

家庭での様子や親の思いを聴きやすい。そのうえで、園での乱暴な傾向は、何が原因なのかをアセスメントしていく。園での問題行動を親が実感をもって受け止めてくれたなら、家庭でできそうなことと園でできることの確認をする。保育者と保護者で優先事項と思われることから実行し、中・長期で解決していく課題（例：B君が自分の思いや感情に気づきそれを言葉で表していけるように「〇〇したいんだね」、「悲しいんだね」など保育者や保護者がB君の気持ちを代弁するような働きかけ）に取り組む。

　保育者と保護者が子どもの情報を常に共有でき、園での保育や家庭での子育てに反映されるようなフィードバックができるような連携を目指したい。

【引用・参考文献】
　青木紀久代編『親のメンタルヘルス―新たな子育て時代を生き抜く―』
　　　ぎょうせい、2009年
　植田章著『保護者とかかわるときのきほん　援助のポイントと保育者の専門性』
　　　ちいさいなかま社、2014年
　上原文著『ほんとうの家族支援とは―子どもの周りにいるすべての先生方へ―』
　　　鈴木出版、2015年
　掛札逸美・加藤絵美著『「保護者のシグナル」観る聴く応える―保育者のためのコミュニケーション・スキル』ぎょうせい、2013年
　「いま、子どもの貧困を考える」『発達』151号、ミネルヴァ書房、2017年
　「育ちの科学―子育てに困ったとき―」『こころの科学』NO.28、日本評論社、2017年

（山口弘美）

第12章　異年齢保育が育む人間関係

第1節　異年齢保育の効果

1　異年齢児との関わり

　幼稚園や保育園では、各年齢によってクラス分けされていることがほとんどである。同年齢の幼児が集まり、その発達段階に合った課題や目標を遊びや様々な教材を通して学び、日々成長していっている。その中で、園での生活が安定してくると周囲の環境に目が向くようになり、子どもたちの興味や関心が広がり始め、積極的に関わりを持とうとする姿が見えてくる。その関わりが、同じクラスの友だちや他クラスの幼児だけでなく、異年齢児に向けられることも多い。この経験が子どもの生活や考えを広げ、さらに深めることにも繋がってくる。

　異年齢児と関わることで、年齢や発達の違いから幼児自身の思いや考え方が大きく変化する経験ができる。これは、同年齢クラスでの生活だけでは体験することのできない人とかかわる力や思いやる気持ち、憧れる幼児を見つけ、そうなれるように目指し努力するなど様々な力が育まれると考えられる。子ども同士の関わりだからこそ、より子どもの育ちが促すことが期待されるため、異年齢児と関わる機会が多くあることが大切になってくる。

> **事例1　異年齢保育の中で自然と気づく思いやり**
> 何でも思い通りにいかないとすぐに癇癪をおこしてしまうA男は、友だちと遊ぶときには必ずと言っていいほどにトラブルを起こして

> いた。ある時、いつもとは違いお迎えの時間が遅くなる日が続いた。A男の通っている保育所の長時間保育は異年齢保育をしていたため、自分よりも年下の乳児や幼児がたくさんいる中で過ごさなければならなかった。初日のA男は好きなおもちゃで好きに遊び、年下の幼児も遊びたそうにしているのを気にしつつも知らんふりをしていた。しかし、日が経つにつれて、A男の方から「一緒に遊ぶ？」と声をかけて楽しく遊ぶ姿や自分のおもちゃを貸してあげるなどの行動が見られるようになった。

2　異年齢児保育の目的と効果

　異年齢保育を行うにあたり、実施するための目的と得られる効果を挙げていきたい。まず、異年齢保育の目的としては、昨今の少子化に伴い子どもたちを取り巻く環境の変化が挙げられる。兄弟の有無や生活圏内の遊び友だちの減少、遊び場の有無などから子どもたちの社会性や人間関係の形成に少なからず影響が出てくるということだ。今までであれば自然と兄弟間や近所にいる友だちの中で自然と身につくはずだったものが、身につきにくくなっている。しかし、少子化の問題を抜きにしても子どもの自我の発達に良い影響を与え、人間関係の形成を育むことに繋がることが期待されるのは言うまでもない。

第2節　異年齢保育の際の留意点

1　異年齢保育の留意点

　異年齢保育には、もちろん良い点だけではなく考えなくてはならない点もある。そのことを保育士は、よく理解し保育内容を考えて進めていかなければならない。異年齢保育のメリットとデメリットを理解せずに

行っても、本来の得られる効果や目的を達成できず、保育士が意図しているものと変わってしまうこともあるので注意する。

　異年齢保育の留意点の1つ目として「保育内容の焦点をどこに向けるか」が問題になってくるだろう。対象年齢が幼児だけでなく、乳児にまで広がることで保育内容や環境の差は大きく違ってくる。生活リズムやできることの幅が様々なため、異年齢児でどのような保育をするか事前に考えておく必要がある。もちろん子どもにとっては、自身と年齢が離れている子どもとのかかわりは、素晴らしい体験でなかなか経験することができないことでもある。このメリットを生かすためには、異年齢保育で行う内容をよく吟味し、全年齢で行える活動内容なのかどうか、年少児や乳児には難しいが年長児の手伝いで達成できるようにするのかなど目的をはっきりと持つことが大事になってくる。そうすることにより、各年齢で起こりうる危険な部分や配慮などを理解して保育士間での対処法をあらかじめ考えることもできる。

　2つ目は「支援が必要な子どもへの配慮」である。最近の保育所や幼稚園には少なからず支援が必要な子、気になる子がいるのではないだろうか。普段の保育の中でも、特別な支援や関わりを行っていることが多いが、異年齢保育をする上でいつも通りでないということは支援の必要な子や気になる子たちからすれば不安や見通しが持てないのである。急な環境変化や生活の流れの違いにより、異年齢児との関わりが台無しになる恐れがある。そのため、特に支援が必要な子どもたちもいる場合には、注意して対応し関わる必要がある。例えば、専属でついている保育士が必ず傍にいて活動することで安心感を与えられる。または、あらかじめ日中の活動内容を知らせておくことで見通しをもって行動ができるようにするなどが挙げられる。

> **事例2　異年齢保育を行う自閉症児への対応**
>
> 軽度の自閉症であるB男は、普段の生活の流れは大体把握できおり、担任の保育士に促されればスムーズに活動に参加することができる障害児クラスの5歳児である。1日の流れをホワイトボードにて絵カードで確認するようにしていた。週3日は、同年齢児のクラスで活動を共にすることも多く、落ち着いて過ごすことができていた。そんな中、運動会の季節になり、5歳児は4歳児クラスとの合同競技を行うことになった。その練習が始まることになり、B男が4歳児の子どもたちに少しでも慣れるようにと異年齢保育を実施したのだ。まず、B男には運動会を行うことを絵カードや簡単な単語で伝え、その後4歳児クラスの子どもたちと一緒に行う競技があることも説明した。そして、今から4歳児クラスに5歳児クラスの子どもたちとともに挨拶をしに行くことを伝え、慣れている5歳児クラスに移動した。いつもと違う生活の流れに不安からか落ち着きがなくなって、愚図るような仕草も見せたが、担任の保育士といつも一緒に行動している5歳児の友だちと手を繋ぐことで安心し始め、初めての4歳児クラスにもスムーズに移動することができた。見慣れない部屋に戸惑いをもっていたが、絵カードや保育士からの言葉掛けによりパニックにならず挨拶をすることができ、B男にとっても成功体験の1つとなった。それからは、不安はあるものの少しずつ4歳児の子どもたちに慣れて、一緒に運動会の競技を行えるようになったのである。

　支援の必要な子や気になる子の不安要素を保育士が気付き、対策をとることで異年齢保育を円滑に行い、尚且つこちらの意図していることを子どもたちが受け取りやすくなる。

2 異年齢保育の活動内容の注意点

(1) 制作活動

　異年齢保育であっても、制作活動を楽しく行うことはできる。子どもたちが力を合わせて1つのものを作り上げることや少人数のグループや異年齢児でペアを組んで作るなどやり方は色々ある。しかし、制作と一括りにしても難易度の設定が重要になってくるのは言うまでもなく、できることとできないことの差が年齢によって出てきてしまうからである。年少児や乳児に合った難易度にすると年長児にとって簡単なものになってしまい、異年齢保育の活動内容としては相応しくないと言える。そこで、考えていかなければならいのは年少児や乳児たちの関わり方と年長児の動きである。

　まず、年少児と乳児には保育士がついて手伝いに入れるようにする。うまくいかずに途中で投げ出さないように、言葉掛けをして楽しく行えるようにする。また、年長児が頑張って作る姿を見せることで自分たちも頑張ってみようという意欲を掻き立てるなど工夫も必要になってくる。

　次に年長児の行動だが、年下の子どもたちの制作の手伝いをお願いするのがよい。難易度を考えると年長児ならばほぼ1人でできるようなものを用意し、自分のものが終わった子から困っている子の所で先生役をしてほしいと伝え、やる気を起こさせるのである。1つのものを作るのであれば、あらかじめ年長児に教えておくことで、さらに制作が楽しくなるよう役割を持たせて年下の子どもたちに年長児自身が率先してやることを伝えることもできる。

(2) 室内遊び

　異年齢保育をする上で、1番多い保育活動は室内遊びやゲームだろう。初めて関わる異年齢児同士が楽しく打ち解けていくためには、ゲームや遊びを通すことが1番よい方法でもある。緊張した自己紹介よりも簡単なゲームをしたほうが早く子どもたち同士が関わりやすくなることも多

い。また、年長児であればいつも行うゲームに年少児とペアになって参加することで、一味違った楽しみが生まれるのである。自分だけが勝てばいいという気持ちから、みんなが楽しめるゲームのルールを考えるなど子どもたちが自ら他人を思いやる行動に繋がることもある。

(3) **自由遊び**

　特別な異年齢保育を設けるだけでなく、長時間保育や合同保育などの場合に多いのが自由遊びである。特に保育士が設定した保育の中で遊ぶのではなく、それぞれの子どもたちが好きに遊ぶ自由遊びは、異年齢児同士がどのように関わりあい、遊んでいるかは時々で変化する。年長児の遊び方を年少児が真似をしている姿があり、微笑ましく見えていても次の瞬間、うまくいかなくなり泣きだすこともあるかもしれない。そのため、保育士は子どもたちの様子を常に把握し、個々の気持ちを敏感にキャッチして働きかけていくことが大切になってくる。

　3つの保育内容を挙げて見てきたが、とりわけ設定保育についてはそれぞれの保育士の考えがあり、目的や意図に些細な違いが出てくることもある。そのため、異年齢保育を行うクラス担任は、必ず情報共有が必要であり、どのような意図で保育を行っていきたいかをすり合わせるようにしなければならないだろう。また、異年齢児では発達段階にどうしても違いが出てきてしまうため、活動内容の工夫を考えておくことも大切になってくる。年少児に合わせた活動時間の配分を見ておくことや準備面でもいつも以上に道具の用意をしておく。時間いっぱいで行うのではなく、余裕をもって保育していくことで異年齢保育中に何か起こった場合にも対処しやすくなる。保育士は、日々の子どもたちの様子や今の状況から必ずしも用意した保育内容にこだわることなく臨機応変に対応していくことも異年齢保育においても重要である。

第3節　人間関係に着目した保育事例

1 人間関係に着目した保育事例

> **事例3　年長児の態度から学び吸収する子どもたち**
>
> 　4、5歳児で異年齢保育を実施した時のこと。人数合わせゲームを行っていると、急に4歳児の男児がやりたくないと座り込んでしまった。同じクラスの子になんでやらないのかと口々に言われてしまい、状況が悪化してしまいそうになった。担任保育士が声を掛けようと動いたとき、5歳児の女児が男児に近づき、「一緒に手を繋いでやろうよ」と声を掛けたのである。男児は、周りの様子を見て戸惑っていたが、さらに別の5歳児にも「大丈夫だよ」と言われて笑顔で2人の手を取り、ゲームに参加することができたのである。それを見ていた同じクラスの子どもたちは、男児に近づいて素直に謝っている姿があった。

> **事例4　異年齢交流での子どもの成長**
>
> 　D保育所では、園全体での散歩をしに行く際に5歳児が2歳児を4歳児が3歳児とペアを組み歩くというのが恒例になっている。年に数回ある散歩は、ほぼ同じ組み合わせで行うことが多かった。5歳児クラスのE子は、2歳児のF男とペアだった。F男は人見知りが強くて、初めての散歩ではE子と手を繋ぐのも嫌がり泣いて保育士に訴えることもあった。E子は、最初は戸惑っていたが散歩が終わり部屋に戻ると「先生！私、F男くんが泣かないで笑顔でお散歩できるようにしたいの」と言って自分に何ができるのか考えるようになった。そこで思いついたのが、2歳児クラスにお手伝いだった。週に1回2歳児クラスのお手伝いをするようになったのである。何

> 回かお手伝いを繰り返すうちにF男もE子に慣れ始め「E子ちゃんは、僕のお姉さんなの」とみんなに言うようになった。

2　異年齢保育で育む人間関係

　異年齢保育では、普段の同年齢クラスでは当たり前のことが配慮しなければならないことに繋がり、活動内容を見直して工夫しなければならないなど保育士にとって大きな負担になりうることも多い。しかし、それ以上に異年齢保育は、子どもたちにとって貴重な経験に繋がり、大きく成長を促してくれるものでもある。これからの子どもたちに必要な社会性や思いやりの気持ち、人間関係の育成に役立つことを目指し、異年齢保育を行っていってほしい。

【引用・参考文献】
　谷田貝公昭監修、塚本美和子・大沢裕編著『人間関係』(新・保育内容シリーズ2)
　　　一藝社、2010年
　『保育所保育指針〈平成29年告示〉』フレーベル館、2017年
　『幼稚園教育要領〈平成29年告示〉』フレーベル館、2017年

（小林怜美）

第13章 地域との連携で育む人間関係

第1節 子育て支援による地域との連携

1 子育て支援による地域との連携

　現代社会に生きる私達の生活では、都市化や核家族化の進行に伴い人間関係が希薄になり、子どもと家庭を取り巻く環境が著しく変容している。そのため、今の子ども達は、様々な年代の人との触れ合いや年齢の異なった子ども達と一緒に遊ぶ機会が奪われている。ここでは、地域との関わりの実際を事例とともに見ていくことにする。子どもの人間関係を育むうえで、地域と連携して様々な世代の人達との関わりを経験することは非常に重要である。子どもが人との関わりの力を養うためにはどのようなことなのか事例を通して理解してほしい。

2 保育所保育指針による地域の人との関わり

　地域の子育て支援は、保育所でも積極的に取り組んでいる。保育所保育指針では、子育て支援における地域の連携の中で、地域の保護者等に対する子育て支援子育て支援は以下のように示されている。

　(1) 地域に開かれた子育て支援
　　ア　保育所は児童福祉法第48条の4の規定に基づき、その行う保育に支障がない限りにおいて、地域の実情や当該保育所の体制等を踏まえ、地域の保護者等に対して、保育所保育の専門性を生かした子育て支援を積極的に行うように努めること。
　　イ　地域の子どもに対する一時預かり事業などの活動を行う際には、

一人一人の子どもの心身の状態などを考慮するとともに、日常の保育との関連に配慮するなど、柔軟に活動を展開できるようにすること。
　(2) 地域の関係機関等との連携
　　ア　市町村の支援を得て、地域の関係機関等と積極的な連携及び協働を測るとともに、子育て支援に関する地域の人材と積極的に連携を図るように努めること。
　　イ　地域の要保護児童への対応など、地域の子どもを巡る諸課題に対し、要保護児童対策地域協議会など関係機関等と連携及び協力して取り組むように努めること。

第2節　地域における子育て支援の実際

1　地域の保育教室

　次に地域における子育て支援が実際にどのように実施されているのか、事例と感想を紹介したい。地域との関わりが薄く、子育てにストレスを感じている保護者も存在する。子育て支援の保育教室に参加することで、保護者の気持は変容している。母親を支えていくことは子どもの生活を安定させていくことにつながる。

> 事例1　地域の保育教室
> 活動場所は区民会館、活動は月1回〜2回、平日の10:00〜11:30に行っている。この保育教室は、登録制であり、対象は未就園児とその保護者であり、現在約40人が会員である。担当保育者は元保育士や幼稚園教諭で構成されている。担当保育者が主活動を設定する他、行事も開催され、芋ほりやミニ運動会等も行っている。

(1)　保育教室に参加した保護者の話

　「保育教室のお知らせについては、町内会の回覧板で回ってきたが、それを見ただけでは参加までは至らなかった。いきなりは不安だし、行きづらいという思いがあった。そのような思いを抱いていた時に、ベビーカーを押して散歩していた際に、偶然にも保育教室に参加している

おばあさんに話しかけられ、保育教室の参加を勧められた。これがきっかけとなり参加するようになった。自分（母親）と子どもだけの2人だけの子育ては不安であった。育児書を見たけれどそのとおりにはいかなかった。同居している主人の母親に子どもを見てもらうことにより、美容室等にも行け、自分の時間がつくることができ、ストレス軽減につながっていたと思う。子育てに不安な時は、予防接種を受ける際に行く病院では、お医者さんには聞きにくいことは受付のおばさんに聞いていた。地域の公園、図書館（児童コーナー）はよく利用していた。主人の母親と同居していたため、育児不安にはならなかったが、もし子どもと自分の2人きりだけなら、かなりストレスを感じていたと思う。例えば、授乳についてはわからないことばかりだった。主人は家での育児はよく手伝ってくれたが、保育教室等の参加は一切なかった。保育教室への参加は子どものためには良かったと思う。近所に同年齢の子どもがいることもわかった。また、子ども同士の関わりよりは、親同士の関わりの方が強く、今でもご近所付き合いは続いている。」

(2) **保育教室に参加した学生ボランティアの話**

「保育教室では、母親同士で悩みごとや不安なことを話し合い、互いに励まし合い問題解決をしてスッキリしている姿もあった。子ども達は普段と違った友達と遊ぶことができ、母親もいつもと違ったママ友と話すことができ、とても良い場だと感じた。地域の人々の支えもあって子育てができ、子どもも成長していくのだと感じた。」

2 大学が主催した地域の子育て支援

> 事例2　子育て支援事業「親と子のひろば」
> 地域の子育て支援センター的役割の大学が主催した「親と子のひろば」が開設されている。「親と子のひろば」は子どもと保護者や保育者だけでなく、将来保育士や幼稚園教諭を目指す学生が集まり、様々な人達とコミュニケーションを図る場となっている。就学前の

> 子ども達と保護者を対象とし、自由に遊ぶことを原則にしながら、異年齢集団での保育を行っている。子育てに関してのつまずきや不安など、保育中に保護者から保育者への相談も多くある。「親と子のひろば」への参加は自由であり、費用も一切かからない。登録している会員が来られるときに参加する形をとっている。保育内容は基本的に自由保育で、中心となる活動は保育者が毎回設定しているが、その活動に参加するかどうかは子どもの自由に任されている。

(1) 「親と子のひろば」に参加した保育者の話

「子どもの関わりをみていると、現在子ども達を取り巻いている社会が、核家族化・少子化・地域の子ども社会の崩壊という中で子どもと母親が常に密着状態にあり、大人の理論が優先している世界でしか子どもが生きていけない状況を感じずにはいられない。ここでは、保護者も活動を見ていたり、参加したり、保護者同士でおしゃべりをしたりしている。自分の子どもとも一緒に遊ぶのだが、他の子どもとも遊ぶ場面も見られる。男の子達は、父親達とのダイナミックなチャンバラや戦いごっこなどを行う様子が見られ、狭い民家の一軒家であるが、汗をかきながら体を動かして遊ぶ様子が多く見られる。」

(2) 「親と子のひろば」に参加した学生ボランティアの話

「初めてここに来たS君は、最初は恥ずかしがってお母さんにずっとくっついたままだったが、ひろばに参加しているお兄さんやお姉さんと遊んでいくうちに言葉を発するようになり、声をあげて走り回るようになった。子ども達がいろいろな人と関わることで発達の変化を見ることができた。」

子育て支援に参加した親子

(3) 事例と感想から読み取れること

地域の子育て支援の場所は誰とでも気軽に触れ合えるので、多くの情報交換や近況報告、悩みの相談がで

きる。子どもの多様な大人や子どもとの関わりの減少している中で、子育て中の親子が気軽に集い、相互交流や子育ての不安や悩みを相談できる場を提供する地域子育て支援拠点事業の一層の強化が求められている。

　様々な問題を抱える現代社会の中で、子どもも保護者も安心してかかわり合いを持ち、遊ぶことができる場が地域で一層求められている。

3　地域からの情報発信

　地域子育て支援拠点事業を一層強化するためにも、子育て支援事業の内容を、地域に広く発信することが必要である。子育て支援の内容は多岐にわたる。チラシには地域の人が無料で参加でき、相談スペース、世代間交流など実際に行う内容も明示されている。子育ての情報提供をするのか、広場の居場所を提供するのか、相談機能があるのかなど、子育て支援の具体的な内容の情報発信が求められる。地域の掲示版やインターネットを通して、子育て支援事業の実施や内容を情報発信し、他機関との連携を図りながら子育て支援を地域の中で位置づけていくことが必要である。

子育て支援＆世代間地域交流のチラシ

第3節 地域における世代間交流

1 子どもと高齢者の交流

(1) 多世代交流

　高齢者との関わりを通して、多様な世代との関わりを豊富にし、豊かな人間関係を築いていけるような場の営みが大切である。子どもと高齢者との交流としてはどのようなものがあるのかを見てみよう。

> 事例3　孫見守り隊
> 高齢者の活躍として、「孫見守り隊」を結成し、活動している地域がある。地域の子ども達の祖父母にあたる年代の方が登下校時の地域の孫世代の安全を見守りたいという要望から、道路に立っていたり、横断歩道で旗を持っていたり、地域のパトロールを行っている。人通りの少ない道でも「おかえり」と笑顔で迎えてくれる「孫見守り隊」の存在があることで、安心して家路につくことができる。

> 事例4　世代間地域交流
> 地域のコミュニティセンター等で、高齢者と子どもが関われる機会を提供している地域もある。高齢者が、地域の子ども達と自然に交わり、昔ながらの伝承遊びを共に楽しんだり、昔の街の様子等を教えてもらったりしながら、世代間交流を図っている。

(2) 世代間地域交流の意味

　少子高齢化を背景に世代間地域交流は、特に、人々の「つながり」が注目される都心部において、今後より一層重要な役割を担うことになると考える。子ども、保護者、高齢者をはじめ地域全体のクオリティ・オブ・ライフの向上が期待できる。

　子どもだけでなく、親が高齢者世代と関わることで、子育ての不安の軽減や親子の関係の向上など子どもだけでなく、親にとっても重要な役

割を果たしている。子ども達が育ち合うだけでなく、親も育てられている。幼稚園教育要領及び保育所保育指針の領域「人間関係」の内容に示されているように「高齢者をはじめ地域の人々などの自分の生活に関係の深いいろいろな人に親しみをもつ」ことは、自立心を育て、多様な人々と関わる力を育むことに繋がっていくのである。

2　小学生との関わり

　幼小連携を行っている地域の中では、幼稚園や小学校のそれぞれの行事等を通じて子ども達が交流できる機会を積極的に提供しているところもある。幼稚園と小学校の子ども達が集まると自然に異年齢集団が出来上がる。年上の子が年下の子を思い我慢したり、年下の子が年上の子に憧れを持ったりと異年齢の子どもとの関わりの中では、年齢の異なる子どもたち同士がお互いの年齢の違いを理解し、その子に応じた関わりを考え工夫して行うようになり、子ども達は社会性を発揮していく。

　例えば、年上の子どもから優しくされた子どもは自分が受け入れられ大切にされていることを実感する。自分がいつかできるようになったとき、自分がやってもらったように優しく接したり守ったりできるようになる。また、同じ年齢の中では少し自信に欠ける子どもも、年下の子どもからはどんなことでも「素敵」とか「すごい！」などと言われることもあり、認められる機会を得る。このように自己肯定感が芽生えると他者に対しても違いを認め、一人ひとりのその子らしさを自然に受け入れることができる。

　年上の子どもは生活の中で出会う事象に自然体で向き合いながら培った社会性（共感・思いやり・責任感・協力等）を自由に使っていく。年下の子どもは年上の子どもに支援されながら社会のルールに従って生き方を学んでいく。子どもも異年齢集団の中にいると、自分の姿がよく見えて、人とどのように付き合ったらよいかを自然に身に付けていくのである。

　幼稚園児と小学生が交流する異年齢集団の中で、思いやりが行き来す

る相互関係が見られる社会性を日々の生活で経験することは、一人ひとりの「生きる力」となっていく。人と人との繋がりの中で生きていけるようになることは、社会を生きていくうえで非常に重要なことである。つまり、自分の意思や意見を持ち、相手の感情を理解しながら、自分と相手が共に生きるように自分自身を調整していける力を持つことが必要となる。この力を身に付けるには、現実に子ども達が試行錯誤しながら体得することが望ましいだろう。そのためにも、地域の中で幼稚園と小学校が連携し、それぞれの子ども達が関わりを育むことができる機会を与えることは非常に重要である。

3 地域との関わりによって育つ人間関係

地域の中で子どもが多様な年齢層の人々と交流を図ることで、さまざまな考え方や活動に触れ、それを取り込むことによって、今までには見られない子どもの変化をみることができる。

例えば、事例4のように、多世代交流の中で、日本の伝承遊びを経験することも多い。「○○おじいちゃんに、上手にコマ回しができるようになったのを見てもらおう。○○おばあさんにもっと折り紙を教えてもらいたい」などの子どもの気持ちは、広くみれば、日本の伝統文化の継承につながり、コミュニケーションの力が身につくきっかけになる。多世代交流により、子どもは高齢者に親しみを持ち、思いやる気持ちを育んでいる。家庭や保育所だけでなく、地域の人々といろいろな体験をすることによって、子どもの人と関わる力を広げ、人と共に生きる力を育んでいる。

【引用・参考文献】
文部科学省『幼稚園教育要領解説書』フレーベル館、2009年
厚生労働省『保育所保育指針解説書』フレーベル館、2009年

写真、チラシ：筆者提供

（五十嵐淳子）

第14章　特別な支援が必要な子どもの保育

第1節　特別な支援を必要とする子ども

1　個の育ちと集団

　私たちはこの世に生まれてしばらくは自らの世話をしてくれる保護者、つまり大人と主にやりとりをしていく。多くの子どもたちは、幼稚園や保育所に通園することになって初めて自らとほぼ同年齢の大勢の人たちと出会う。これが集団との出会いである。保護者とのやりとりは、たいていの場合は保護者が不快を取り除いてくれ、意図を察してくれる。しかし、自らと同じ子どもの集団の中、特に同年齢の集団の中では自己主張をしてもそれを全員が受け入れてくれるわけではない。例えば、Aちゃんは砂場で園のシャベルを使って遊ぼうと思った。しかし、すでにBちゃんがそのシャベルを使っている。Aちゃんは勇気をもって「貸して」と言ってみたが、貸してはくれない。そこにCちゃんがやってきて無理矢理シャベルを横取りしようとしたのでBちゃんは思わずCちゃんを押してしまった。こういったことは日常的に起こることであろう。このような日常的な経験を通して、他の人と意見が一致しないときには、どのように調整していくのか、どのように働きかけていくのかを学んでいく。これは、大人になってからの他者との関係の基盤をつくっているといえるだろう。集団はさまざまな個性の集まりである。集団の中で育つということは、多様な個性をもつ人たちと多様なやりとりを数多く経験することであるともいえる。その中で多くのことを学ぶとともに、一方で目に見えない社会的なルールもま

た染み込んでいく。将来社会で生活していくうえでの基盤を集団の中での経験によって作り上げていくことはすべての子どもにとって等しく必要である。

しかし、子どもは一人ひとり反応や体験に違いがある。なかには、同じ集団の中にいても、みんなの中には入っていけず、傍観している子どもや他者や遊びに関心を示さず、その場から離れてしまう子どももいるであろう。

保育者は、発達の主体である子どもが何を必要とするのかという視点から、一人ひとりの子どもを理解していくことが求められるだろう。

2 人との関わりを見る視点

先に述べたような多様な特性がある子ども一人ひとりを理解するというと、とても難しいことのように思うかもしれない。しかし子どものことが好きで、保育の場において子どもと手を繋いだり、一緒に遊んだりお話するなどして、子どもに直接関わっていると、自分の体を通して子どもの気持ちが伝わってきたり、わかったりすることがある。遠くから見て理解しようというスタンスではなく、そばで直接関わって感じとろうとしてみると、意外に摑めるものだということがわかるはずである。直接関わる際に保育者が以下の視点をもつことで、子どもの発達状況や特性について気付くヒントが得られるだろう。

① 興味・関心（何に興味を示し、興味をもったものにどのように関わるか）
② 概念的スキル（言葉の使用、意思の伝達、読み書きなど）
③ 社会的スキル（人との関わり、集団活動活動への参加、規則やルールの理解、自己決定など）
④ 実用的スキル（食事、着衣、排泄、移動などの日常生活の活動など）

社会的スキルを豊かにする力は、子どもと大人とその両者が注意を向けるモノや出来事とで構成される「共同注意」が必要といえる。まずは子どもが注意を向けているものに、保育者の方が同調しながらその状態を把握しようとする時に、様々な理解のヒントに出会えるはずである。

3 特別な支援を必要とする子どもと障害のある人の権利に関する条約

　文部科学省は2006年4月から幼稚園を含む学校教育機関での特別支援教育の制度をスタートさせた。これは、従来の特別支援学校や特別支援学級に通う幼児・児童・生徒の支援ばかりでなく、障害の疑いのある子どもを含み特別な支援を必要とするすべての子どもたちのために制度を整えたことを意味する。近年、幼稚園や保育所などの保育現場でもいわゆる「気になる子」としての発達障害の存在への理解の重要性が認識され、その子どもや家族を含めた早期からの支援システムが構築されてきた。また、2006年12月第61回国連総会で「障害のある人の権利に関する条約」と「障害のある人の権利に関する条約についての選択議定書」が採択され、2014年1月、日本政府は条約を批准した。これは障害のある人の権利を積極的にとらえ、社会参加への原理を認めた国際的な取り決めである。障害のある子どもの保育について直接規定している条文はないが、第7条では障害のある子どもの権利を実現するための障害及び年齢に適した支援を提供される権利を有することを規定している。また、権利を実現するため確保されるものの一つとして個人の必要に応じて合理的配慮が行われることが述べられている。これまで、障害のある子どもへの配慮は「特別」なものとしてとらえられがちであった。

　保育所指針が述べている「障害のある子どもが他の子どもとの生活を通して共に成長」していくためには、障害のある子どもへの支援を「合理的配慮」として保育者が意識して行うとともに、それを経験した他の子どもは障害のある子どもと自然な関わりができるという人間関係の育ちが求められるであろう。次節では、特別な支援を必要とする多様な状態像をもつ自閉スペクトラム症の子どもの様子や特性、またその関わりについて考えてみることにする。

第 2 節　自閉スペクトラム症（自閉症スペクトラム障害）のある子ども

1　自閉スペクトラム症とは

　自閉スペクトラム症（Autism Spectrum Disorder：ASD）は、精神障害の診断とマニュアル第5版（DSM-5）における神経発達症の分類である。自閉症スペクトラム障害ともいう。脳の中枢神経系の機能障害による生まれつきの発達障害の一つであり、親の養育態度との関係は否定されている。「社会性」「コミュニケーション」「想像力」に困難を示す。また、感覚が敏感であったり、鈍感であったりする症状をもつ子どもも多い。例えば、洋服のタグが刺激になる場合や、甲高い声や不機嫌な声の調子が苦手な場合も多い。体に触れられることや粘土などの感触が苦手なこともある。偏食などに現れることもある。一方、痛みに鈍感で、出血していても気付かない場合もある。

　症状の現れ方は様々であり、2つ以上の特徴が強くでる場合もあれば、そうでない場合もある。発達障害者支援法では、自閉症、アスペルガー症候群その他の広汎性発達障害、学習障害、注意欠陥多動性障害とされているが、自閉スペクトラム症はこれらを裾野が広い連続した症状ととらえる。なお、自閉症は知的障害を伴う場合と境界域、もしくは伴わない場合もある。

2　自閉スペクトラム症の特性に応じた保育者の関わり方

　自閉スペクトラム症の子どもは「社会性」「コミュニケーション」「想像力」に課題をもち、加えて感覚の問題や知的障害を併せ有している場合の困難性は、見知らぬ外国に周囲を知る手がかりがない状況で生活している状態と言えよう。保育者はこのことを理解し、①わかりやすい伝え方で②他の園児とどのようにかかわったら良いかなどの社会的スキル

を機会をとらえて教え、③ストレスの軽減を図り④「わかる」「できる」具体的な状況づくりをし、安心して毎日の登園がわくわくするような関わりや伝え方を工夫することが求められる。具体的には、

- 活動の流れや、することが理解できるよう視覚的な教材も用いる。
- 指示は1回にひとつにし、できたという達成感が積み重ねられるようにする。
- 注意を向けやすい配慮をし、わかりやすい平易な言葉を使い、短く簡潔に話す。
- 活動の始めと終わりを明確にし、見通しがもてるようにする。
- 予定の変更はできるだけ前もって伝えておく。
- 保育者との信頼関係を基に友達との関わり方やスキルを教える。
- 子どもどうしが関われるような仲だちや通訳を行い孤立させないようにする。
- 少人数のグループからの活動を創造し、自然に関わり、子ども同士が理解できるような設定をする。
- その子どもの好きなことを活動の軸にし、興味関心の範囲を広げていく。
- 皆の前で褒め、周囲から認めてもらえるような機会をつくる。

毎日の園の生活の中では、叱ることも、一時タイムアウトをしてクールダウンする機会をつくることもあるだろう。しかし、叱責が続いたり、タイムアウトの時間が長すぎるなどは、子どもの自尊感情を低下させる要因になり得るため、避けたい。他の子どもたちは保育者の温かく受け入れ、大切に接する様子から学んでいく。保育者には特別な支援が必要な子どもが、温かい人間関係のなかで育ち合えるよう子どもの特性にそった関わりが必要である。これは特別な支援が必要な子どもとクラスなどの仲間がともに育ち合うための前提である。また、特別な支援を必要とする子どもに有効なことや居心地が良い環境は、全体に安定と安心、信頼関係が育まれ、子ども同士が育ち合う集団づくりの土台となるだろう。

3　共同の意識を育む園の構造化

　共同の意識の育ちとして、遊具や用具をみんなで使えるようになる子どもの育ちを保育内容の一つに掲げている。共同という意識を広げて考えた場合、「場に対する共同の意識」「物（遊具や用具など）に対する共同の意識」「活動に対する共同の意識」「気持ちや感覚に対する共同の意識」などが考えられる。特別な支援が必要な子どもの多くは、見るべきポイントを自ら切り替えて必要な情報を選択したり、状況を把握することが苦手な場合が多い。まずは「場・物・活動」についてわかる環境づくりを工夫することが必要である。①空間②時間の構造化によって意識しやすくする。①は、可能であれば一つの場所に一つの機能とし、難しい場合は室内を「遊びの場所」「集まる場所」「一人ですきな絵本などを見る場所」など空間の構造化をする視点である。また、おもちゃの片付けは「青い箱」などのように物が収まる指定席をつくることで、子どもが自発的に片付けや友達と一緒に協力しておもちゃの箱を運ぶなどの場面も設定できる。空間には、導線も含まれている。手洗いをする水道にはどのように並べば良いか「足形シート」で待つ場所、ひとつずつの進み方を示す方法もある。また、刺激を選択して必要な情報を得ることが苦手な子どももいることから、布をかぶせる、カーテンをつける、パーテーションをつけるなどをして余計な刺激で混乱させない手だても必要と言える。②は「もうちょっと」がどのくらいか視覚的にわかるようタイムタイマーなどの教具の使用も視野にいれたり、時計の学習を楽しみながら行うことも良いだろう。まずは、一日の流れがイラストなどで視覚化し全体にわかるような工夫が必要である。こうした構造化の工夫で支えることにより主体的に「共同のこと」である活動に取組みながら遊びに発展したり、「共同の物」に対する意識として内面に根付いたとき「貸す」「借りる」の関わりへと発達していくことが可能となる。

第3節 個別の指導計画

1 「個別の指導計画」の基本的な考え方

　個別の指導計画を通して①「子どもの実態」②「子どもにとっての困り感の把握」③「言動の原因・背景要因」④「その子どもの成長を妨げているものは何か。どのようにして改善していくか」⑤「子どもの成長を助ける方法・手だてはどのようなものがあるか」⑥「結果と反省・改善に向けた方策」について園全体で話し合い、子どもに対する理解と関わり方について共有し指導・支援にあたることが大切である。さらに保護者、必要に応じて専門機関との連携を行うことにより「特別な支援が必要な子ども」への理解と関わりの方向性が明確になる。保育者は子どもの障害や気になる姿と向き合うのではなく、その「子（個）」と向き合うという視点を忘れてはならない。また、「個別の指導計画」の実施・評価にあたっては、個別の指導計画であるので、子どもができたかできなかったかという観点ではなく、保育者の関わりや配慮は適切であったかなど保育者や実施園を評価するものである。個別の指導計画の実施、振り返りは個人で行うだけでなく、保育者同士が小さな反応や変化を捉えながら園全体で共に話し合っていくことが重要となる。園で得た成果をこれからは、小学校へ円滑につなげていくため、就学移行期における「個別の教育支援計画」を作成することが求められよう。この「個別の教育支援計画」は幼稚園や保育所だけで作成するものではなく、医療・福祉・保健等の各機関と連携して行うこととされている。幼稚園や保育所での保育実践における子どもの実態を把握し、学年や発達段階ごとに記録として長期的な視点をもって整理する必要がこれまで以上に求められる。保育者の専門性として、園全体の力として、よりよい子どもとの関わりの実践を通して、その過程でつづられた成長・発達のプロ

セスを丁寧にたどれるように、そして早期からの学校卒業までの一貫した支援がつながるようにするスタート地点として幼稚園・保育所の役割が期待されている。

2 日々の関わりと記録

　日々、保育目標に基づいた適切な内容・方法で子どもの心身の発達を促す活動が展開されている。保育を終了した後には、設定した目標や内容、方法や環境設定を振り返り「子どもが何を体験したか」ということを客観的に評価することにより、それ以降の保育活動を改善し、より効果的に展開することが可能となる。

　園においては、時間がとりにくい時もあるだろう。しかし、たとえ短い時間でも簡潔な反省点の列挙であったとしても毎日繰り返し継続することにより、保育の質が担保されると言えよう。少しでも客観性を高め、的確に自己評価を行うために欠かせないのが「記録」である。毎日、保育が終了した後に記す保育日誌は、自分のためにも保育所などのためにも重要な記録となる。記録をする際には気になる子どもや目立つ子どもなどの特定の子どもの行動に偏ることなく、すべての子どもがどのような行動を行っているか、できるだけ広い視野から捉えることが大切である。その日に起こった出来事が「いつ」「どこで」「どのように」生まれ、それに伴ってどのような変化が子どもの中に生まれたのかを明確に記録しておくことや、保育者の対応が子どもの反応にどのような影響があったのかを知ることは明日の保育につながる重要なポイントだと考える。子どもの姿とともに、保育者の思ったこと、行った対応、関わりの分析を記録しておくことで、よりよく保育を改善するためのたくさんのヒントを得ることができるであろう。

【引用・参考文献】
　日本精神神経学会監修、高橋三郎・大野裕監訳『DSM-5精神疾患の診断・統計マニュアル』医学書院、2014年

（伊藤かおり）

第15章 領域「人間関係」の指導計画と評価

第1節 指導計画

1 カリキュラム・マネジメントとは

　中央教育審議会初等中等教育分科会において、「教育課程とは、学校教育の目的や目標を達成するために、教育の内容を子供の心身の発達に応じ、授業時数との関連において総合的に組織した学校の教育計画であり、その編成主体は各学校である。各学校には、学習指導要領等を受け止めつつ、子供たちの姿や地域の実情等を踏まえて、各学校が設定する教育目標を実現するために、学習指導要領等に基づきどのような教育課程を編成し、どのようにそれを実施・評価し改善していくのかという「カリキュラム・マネジメント」の確立が求められる」と定義された。論点整理の中でカリキュラム・マネジメントの3つの側面が示され、それを受け、幼稚園等では以下の3つの側面から「カリキュラム・マネジメント」として示された。

　(1)　各領域のねらいを相互に関連させ、「幼児期の終わりまでに育ってほしい姿」や小学校の学びを念頭に置きながら、幼稚園等の教育目標等を踏まえた総合的な視点で、その目標の達成のために必要な具体的なねらいや内容を組織すること。

　(2)　教育内容の質の向上に向けて、幼児の姿や就学後の状況、家庭や地域の現状等に基づき、教育課程を編成し、実施し、評価して改善を図る一連のPDCAサイクルを確立すること。

(3) 教育内容と、教育活動に必要な人的・物的資源等を、家庭や地域の外部の資源も含めて活用しながら効果的に組み合わせること。

これをもとに、「各幼稚園等では、『カリキュラム・マネジメント』の機能を十分に発揮して、幼児の実態等を踏まえた最も適切な教育課程を編成し、家庭等の協力を得ながらこれを実施し、改善・充実を図っていくことが求められる」ようになった。加えて、幼稚園・保育所等では教科書を使わず、環境を通した保育を基本としているため、カリキュラム・マネジメントは重要である。

保育の目標を達成するために幼稚園では「教育課程」、保育所では「保育課程」を編成し、これをもとに具体的に「指導計画」を作成している。平成29年度の改訂（改定）により、幼稚園の教育課程、保育所の保育課程、幼保連携型認定こども園ともに「全体的な計画」と統一された。「指導計画」には年・期・月のような長期的な指導計画、週・日のような短期的な指導計画があるが、ここでは、短期の指導計画について考えていく。

2 指導計画作成の基本

指導計画作成には、以下のような手順を踏むことが求められる。

手順1　題材を考える、選ぶ
　①子どもが興味を持って取り組めるか
　②季節にあっているか
　③自分の意図することやねらっていることは何なのか
　④子どもが理解できるのか
　⑤子どもたちの技能の実態からできるのか

手順2　活動の「ねらい」を考える
「ねらい」とは「具体的な活動を通して、子どもに育つことが期待できる心情、意欲、態度」のことで、その活動を通して何が子どもに育ってほしいのかについて具体的に考えることが求められる。例えば、「お

話の絵を描く」という活動では「お話を楽しんで聞く」、「自分で想像して絵を描いてみる、絵を描くことを楽しむ」となる。ただし、ねらいを立てる際は、到達目標を達成することが重要なのではなく、その活動をどう楽しみ、意欲をもって自発的に関わることができるかが重要となる。

また、「ねらい」を設定するときには、前日までの子どもの姿（実態・事実）をしっかり捉えておくことが重要になる。子どもの姿（実態・事実）＋保育者の捉え方などが保育者の願いになり、「ねらい」へとつながっていくのである。つまり、「AがBに『砂場でお山をつくろう』というと、Bは『いいよ』と言って、一緒に砂場で山を作り始めた」という目の前で起こっていることを事実として捉え、保育者は「Bはどこのグループにも入れず一人で遊ぶことが多かったため、Aに遊びに誘われて嬉しかった」というBの様子に気づき、「Aと関わることを通して、Bに友だちと遊ぶ楽しさを知って欲しい」という願いを持つのである。同じことについて「AとBが砂場でなかよく山を作って遊んでいた」という捉え方は好ましくない。なぜなら、保育者がなぜ「なかよく」と感じたのかという視点が明確でなく、この捉え方では次に考える「ねらい」へとつながっていかないためである。「ねらい」につなげるためには、「実際に起こっている事（事実）」を整理し、「自分の考えや感じたこと（考察）」をまとめ、「こう育って欲しい（願い）」を明らかにすることが求められる。

手順3　一日のなかでいつ行うのかを考える
　①各園、クラスの生活の仕方をよく知る
　②当日の生活の流れを把握する
　③年齢による活動時間の長さを考える：発達段階と活動との関係
　④活動の時間の長さを、内容の質と量（どんなことを、どのくらい？）との関係で考える
　⑤活動を、前後の生活内容との関連で考える
　⑥活動の開始から終了までの時間を予測する

(あ)環境構成のための時間

(い)子どもたちが集まるのに必要な時間

(う)動機づけや導入の時間

(え)材料を配る時間

(お)活動の時間

(か)まとめの時間

(き)片づけの時間

手順4 環境構成を考える

①常設環境を確認する

②活動に必要な環境を考える

(あ)活動の内容に必要な空間の広さ、コーナーなどについて検討する

(い)机やイスの配置について検討する

(う)材料、用具、道具の置き場所を決める

(え)子どもの活動の場や物についての安全を確認する

　加えて、保育者や子ども同士も大切な環境であることをよく考えておく必要がある。

手順5 子どもの活動の多様性を予測しておく

　子どもは様々な動きや反応をとるため、自分の想定外のことが起こることも少なくない。そのとき自分が慌てないためにも、子どもの行動を予測しておくことが求められる。

手順6 活動の形態を考える

　「一斉活動」、「自由活動」、「グループ活動」など柔軟に考える。どれかを選択したらその形態に従い続けなければならない、というわけではない。

手順7 展開の仕方を考える

①動機づけ、導入の仕方を検討する

②子どもたちにイメージをおこさせる仕方を考える

③一人ひとりの子どもへの指導・援助が必要であることに注意する

④子どもたちの動きの理解と対応
⑤まとめ方を検討しておく

3 人間関係の指導計画のポイント

　人間関係の指導計画を立てるときには、領域人間関係のねらい、内容、内容の取り扱いに留意するのに加え、平成29年度の改訂で示された「幼児期の終わりまでに育ってほしい姿」10項目のうち、領域人間関係に該当する「自立心」、「協同性」、「道徳性・規範意識の芽生え」の育ちについても留意しなくてはならない。また、領域人間関係の指導計画とはいえ、人間関係に関わる活動のみでの指導計画をたてるということではない。例えば、「クラスの友達と鬼ごっこを通して、ルールを守る大切さに気づく」という活動ならば健康の分野、「クラスの友達と「冷たいね」、「気持ちいいね」など言葉を交わしながら泥の感触を味わう」という活動ならば環境の分野、「クラスの友達としりとりを通して、言葉のおもしろさに気づく」という活動ならば言葉の分野、「クラスの友達と協力しながらロボット製作を楽しむ」という活動ならば表現の分野等、人間関係のみではなく、他の領域の内容に関わるものになる。領域は小学校の教科とは異なり、子どもをみる「視点」（窓口）の役割を担っているため、1つの領域のみではなく、複数の領域が係わり合い、子どもにとってよりよい育ちを目指すものにしていかなくてはならない。

(1) 0〜2歳の指導計画

　今回改訂された保育所保育指針では、乳児保育についてねらいと内容に合わせて3つの視点が挙げられ、そのうち領域人間関係には「イ身近な人と気持ちが通じ合う」が該当する。発達の差が大きい0歳児では全体の指導計画ではなく、一人ひとりの発達に応じた個別の指導計画が必要となる。大人との愛着関係が必要な時期であるため、「特定の保育士と関わり、情緒的安定を図る」ことや「一人ひとりのリズムに応じて徐々に園になれるようにする」活動を設定していくことが求められる。

1歳以上3歳未満児では安心できる関係の下で、身近な大人との信頼関係を育て、人と関わる力の基盤を培うことが挙げられている。1歳児の指導計画においても、発達の差が激しいため低月齢、高月齢を分けて書くなどの工夫が必要となる。「園に親しみがもてるようにする」ことをねらいとし、新しい環境の不安を拭い去り、安心できるようにする活動や友達にも関心を示す時期であるため、保育者があそびの仲立ちをしたり、友達と関わる援助をすることが必要となる。2歳児でもクラスの計画に加えて、個別計画等の個別の援助が求められる。

(2) 3〜5歳の指導計画

「幼児期の終わりまでに育ってほしい姿」は5歳児の後半の様子を想定して設定されている。3〜5歳の指導計画では5歳児の後半までに「自立心」、「協同性」、「道徳性・規範意識の芽生え」を身につけられるように指導計画を立てることが求められる。幼稚園・保育所等ではあそびを通した総合的な指導が基本となるため、あそびのなかでそれらが身につくように考えていく必要がある。例えば、いままで保育者を「仲立ち」にすることが多かった友達との関係について徐々に保育者の仲立ちを減らし自立心を育てたり、友達と協力して何かをつくる製作活動や発表会や運動会などの行事での出し物を通して共同性を高めたり、ルールのあるあそびを行うことで規範意識を養ったりすることが考えられる。

第2節　指導計画の省察と再構成

(1) 乳幼児期にふさわしい評価

乳幼児期にふさわしい評価とは、他の子どもと比較したり、「できる」という到達目標や達成目標を考えるのではなく、一人ひとりの長所や可能性を伸ばすような育ちに主眼を置くことが求められる。「できる」ことが大切なのではなく、「やろうとする」心や態度、何事にも自

信をもって取り組む意欲を育てることを大切にしたいものである。
　また、評価は子どもの姿を評価するだけではなく、指導計画や保育実践についても評価する必要がある。計画に無理はなかったか、子どもの育ちにあった計画であったか、自分自身の反省を行い、課題をみつけ、どうすればよくなるか改善策を考えるところまでが自己評価である。

(2) 保育の記録

　子どもの様子を記録するときは、目の前の子どもの姿（実態）に加え、そのときの子どもの気持ちや自分が考えたことや援助したこと（考察）も合わせて記録するとよい。また、記録は記録を書いたら終わりではなく、記録を積み重ねることで継続的な子どもの様子を追うことができ、それが次の計画や指導へと繋がっていく。ＰＤＣＡサイクルとはPLAN（計画）、DO（実行）、CHECK（評価）、ACTION（改善）の頭文字を取ったもので、**図表15−1**のように循環し、継続的させ、改善していくことである。つまり、指導計画を立て、それを実行し、どこがよかったのか、どうすればよかったのかを評価し、どうすればよいのか改善案を出し、また指導計画を立てることが必要となる。

図表15-1　PDCAサイクル

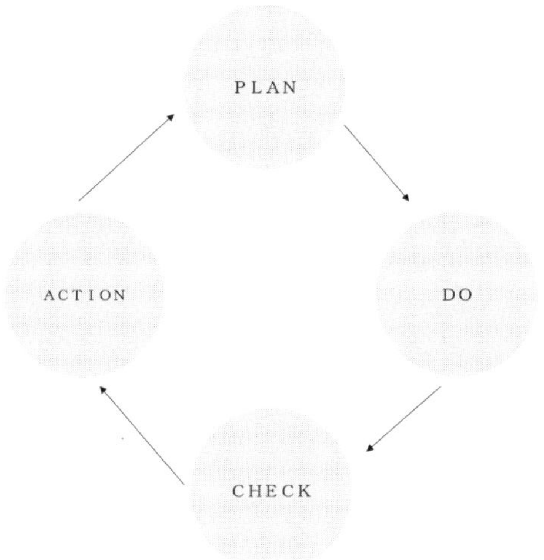

PLAN → DO → CHECK → ACTION → PLAN

出典:筆者作成

第3節 ポートフォリオの活用による評価

　ポートフォリオとは、一人ひとりの子どもの育ちや学びの保育活動の記録や作品の写真等をファイル形式にまとめたり、クラス全体の学びや育ちを壁面やボードに張り出すなどして保護者と共有したり、「子どもの育ちを可視化（ヴィジョン化）」することである。つまり、子どもの育ちを「見える」ようにすることである。ポートフォリオを蓄積していくことで子どもの育ちが「見える」ようになり、保護者と共有することで子どもの育ちを共に支えていくという意識を高め、理解しあえるようになる。

【引用・参考文献】

瀧川光治「指導計画づくりに活かすための保育記録のあり方(1)-先行文献の整理を中心に-」教育総合研究叢書 4,pp. 53-70、2011年中央教育審議会初等中等教育分科会（第100回）配付資料　資料1　教育課程企画特別部会　論点整理　4. 学習指導要領等の理念を実現するために必要な方策＜http://www.mext.go.jp/b_menu/shingi/chukyo/chukyo3/siryo/attach/1364319.htm＞

中央教育審議会教育課程部会　幼児教育部会（第8回）配付資料　資料1 幼児教育部会とりまとめ（案）＜http://www.mext.go.jp/b_menu/shingi/chukyo/chukyo3/057/siryo/attach/1371950.htm＞

厚生労働省『保育所保育指針』2017年

文部科学省『幼稚園教育要領』2017年

内閣府『幼保連携型認定こども園要領』2017年

森眞理『子どもの育ちを共有できるアルバムポートフォリオ入門』小学館、2016年

（八幡眞由美）

付録（関連資料）

◎幼稚園教育要領(平成29年 文部科学省 告示) ── 抜粋

第2章　ねらい及び内容
健康
人間関係
環境
言葉
表現

◎保育所保育指針(平成29年 厚生労働省 告示) ── 抜粋

第2章　保育の内容
1　乳児保育に関わるねらい及び内容
　(1) 基本的事項
　(2) ねらい及び内容
　(3) 保育の実施に関わる配慮事項

2　1歳以上3歳未満児の保育に関わるねらい及び内容
　(1) 基本的事項
　(2) ねらい及び内容
　　ア 健康
　　イ 人間関係
　　ウ 環境
　　エ 言葉
　　オ 表現
　(3) 保育の実施に関わる配慮事項

〔注〕「保育所保育指針」第2章所収の＜3 3歳以上の保育に関わるねらい及び内容＞については、「幼稚園教育要領」第2章とほぼ同様の内容なので、掲載していない。上記「要領」第2章を参照されたい。

◎幼稚園教育要領 —— 抜粋
(平成29年　文部科学省 告示)

第2章　ねらい及び内容

健康
〔健康な心と体を育て、自ら健康で安全な生活をつくり出す力を養う。〕

1　ねらい
(1) 明るく伸び伸びと行動し、充実感を味わう。
(2) 自分の体を十分に動かし、進んで運動しようとする。
(3) 健康、安全な生活に必要な習慣や態度を身に付け、見通しをもって行動する。

2　内容
(1) 先生や友達と触れ合い、安定感をもって行動する。
(2) いろいろな遊びの中で十分に体を動かす。
(3) 進んで戸外で遊ぶ。
(4) 様々な活動に親しみ、楽しんで取り組む。
(5) 先生や友達と食べることを楽しみ、食べ物への興味や関心をもつ。
(6) 健康な生活のリズムを身に付ける。
(7) 身の回りを清潔にし、衣服の着脱、食事、排泄などの生活に必要な活動を自分でする。
(8) 幼稚園における生活の仕方を知り、自分たちで生活の場を整えながら見通しをもって行動する。
(9) 自分の健康に関心をもち、病気の予防などに必要な活動を進んで行う。
(10) 危険な場所、危険な遊び方、災害時などの行動の仕方が分かり、安全に気を付けて行動する。

3　内容の取扱い
上記の取扱いに当たっては、次の事項に留意する必要がある。
(1) 心と体の健康は、相互に密接な関連があるものであることを踏まえ、幼児が教師や他の幼児との温かい触れ合いの中で自己の存在感や充実感を味わうことなどを基盤として、しなやかな心と体の発達を促すこと。特に、十分に体を動かす気持ちよさを体験し、自ら体を動かそうとする意欲が育つようにすること。
(2) 様々な遊びの中で、幼児が興味や関心、能力に応じて全身を使って活動することにより、体を動かす楽しさを味わい、自分の体を大切にしようとする気持ちが育つようにすること。その際、多様な動きを経験する中で、体の動きを調整するようにすること。
(3) 自然の中で伸び伸びと体を動かして遊ぶことにより、体の諸機能の発達が促されることに留意し、幼児の興味や関心が戸外にも向くようにすること。その際、幼児の動線に配慮した園庭や遊具の配置などを工夫すること。
(4) 健康な心と体を育てるためには食育を通じた望ましい食習慣の形成が大切であることを踏まえ、幼児の食生活の実情に配慮し、和やかな雰囲気の中で教師や他の幼児と食べる喜びや楽しさを味わったり、様々な食べ物への興味や関心をもったりするなどし、食の大切さに気付き、進んで食べようとする気持ちが育つようにすること。
(5) 基本的な生活習慣の形成に当たっては、家庭での生活経験に配慮し、幼児の自立心を育て、幼児が他の幼児と関わりながら主体的な活動を展開する中で、生活に必要な習慣を身に付け、次第に見通しをもって行動できるようにすること。

(6) 安全に関する指導に当たっては、情緒の安定を図り、遊びを通して安全についての構えを身に付け、危険な場所や事物などが分かり、安全についての理解を深めるようにすること。また、交通安全の習慣を身に付けるようにするとともに、避難訓練などを通して、災害などの緊急時に適切な行動がとれるようにすること。

人間関係

〔他の人々と親しみ、支え合って生活するために、自立心を育て、人と関わる力を養う。〕

1 ねらい
(1) 幼稚園生活を楽しみ、自分の力で行動することの充実感を味わう。
(2) 身近な人と親しみ、関わりを深め、工夫したり、協力したりして一緒に活動する楽しさを味わい、愛情や信頼感をもつ。
(3) 社会生活における望ましい習慣や態度を身に付ける。

2 内容
(1) 先生や友達と共に過ごすことの喜びを味わう。
(2) 自分で考え、自分で行動する。
(3) 自分でできることは自分でする。
(4) いろいろな遊びを楽しみながら物事をやり遂げようとする気持ちをもつ。
(5) 友達と積極的に関わりながら喜びや悲しみを共感し合う。
(6) 自分の思ったことを相手に伝え、相手の思っていることに気付く。
(7) 友達のよさに気付き、一緒に活動する楽しさを味わう。
(8) 友達と楽しく活動する中で、共通の目的を見いだし、工夫したり、協力したりなどする。
(9) よいことや悪いことがあることに気付き、考えながら行動する。
(10) 友達との関わりを深め、思いやりをもつ。
(11) 友達と楽しく生活する中できまりの大切さに気付き、守ろうとする。
(12) 共同の遊具や用具を大切にし、皆で使う。
(13) 高齢者をはじめ地域の人々などの自分の生活に関係の深いいろいろな人に親しみをもつ。

3 内容の取扱い
上記の取扱いに当たっては、次の事項に留意する必要がある。

(1) 教師との信頼関係に支えられて自分自身の生活を確立していくことが人と関わる基盤となることを考慮し、幼児が自ら周囲に働き掛けることにより多様な感情を体験し、試行錯誤しながら諦めずにやり遂げることの達成感や、前向きな見通しをもって自分の力で行うことの充実感を味わうことができるよう、幼児の行動を見守りながら適切な援助を行うようにすること。
(2) 一人一人を生かした集団を形成しながら人と関わる力を育てていくようにすること。その際、集団の生活の中で、幼児が自己を発揮し、教師や他の幼児に認められる体験をし、自分のよさや特徴に気付き、自信をもって行動できるようにすること。
(3) 幼児が互いに関わりを深め、協同して遊ぶようになるため、自ら行動する力を育てるようにするとともに、他の幼児と試行錯誤しながら活動を展開する楽しさや共通の目的が実現する喜びを味わうことができるようにすること。
(4) 道徳性の芽生えを培うに当たっては、基本的な生活習慣の形成を図るとともに、幼児が他の幼児との関わりの中で他人の存在に気付き、相手を尊重する気持ちをもって行動できるようにし、また、自然

や身近な動植物に親しむことなどを通して豊かな心情が育つようにすること。特に、人に対する信頼感や思いやりの気持ちは、葛藤やつまずきをも体験し、それらを乗り越えることにより次第に芽生えてくることに配慮すること。
(5) 集団の生活を通して、幼児が人との関わりを深め、規範意識の芽生えが培われることを考慮し、幼児が教師との信頼関係に支えられて自己を発揮する中で、互いに思いを主張し、折り合いを付ける体験をし、きまりの必要性などに気付き、自分の気持ちを調整する力が育つようにすること。
(6) 高齢者をはじめ地域の人々などの自分の生活に関係の深いいろいろな人と触れ合い、自分の感情や意志を表現しながら共に楽しみ、共感し合う体験を通して、これらの人々などに親しみをもち、人と関わることの楽しさや人の役に立つ喜びを味わうことができるようにすること。また、生活を通して親や祖父母などの家族の愛情に気付き、家族を大切にしようとする気持ちが育つようにすること。

環境
〔周囲の様々な環境に好奇心や探究心をもって関わり、それらを生活に取り入れていこうとする力を養う。〕
1 ねらい
(1) 身近な環境に親しみ、自然と触れ合う中で様々な事象に興味や関心をもつ。
(2) 身近な環境に自分から関わり、発見を楽しんだり、考えたりし、それを生活に取り入れようとする。
(3) 身近な事象を見たり、考えたり、扱ったりする中で、物の性質や数量、文字などに対する感覚を豊かにする。

2 内容
(1) 自然に触れて生活し、その大きさ、美しさ、不思議さなどに気付く。
(2) 生活の中で、様々な物に触れ、その性質や仕組みに興味や関心をもつ。
(3) 季節により自然や人間の生活に変化のあることに気付く。
(4) 自然などの身近な事象に関心をもち、取り入れて遊ぶ。
(5) 身近な動植物に親しみをもって接し、生命の尊さに気付き、いたわったり、大切にしたりする。
(6) 日常生活の中で、我が国や地域社会における様々な文化や伝統に親しむ。
(7) 身近な物を大切にする。
(8) 身近な物や遊具に興味をもって関わり、自分なりに比べたり、関連付けたりしながら考えたり、試したりして工夫して遊ぶ。
(9) 日常生活の中で数量や図形などに関心をもつ。
(10) 日常生活の中で簡単な標識や文字などに関心をもつ。
(11) 生活に関係の深い情報や施設などに興味や関心をもつ。
(12) 幼稚園内外の行事において国旗に親しむ。

3 内容の取扱い
上記の取扱いに当たっては、次の事項に留意する必要がある。
(1) 幼児が、遊びの中で周囲の環境と関わり、次第に周囲の世界に好奇心を抱き、その意味や操作の仕方に関心をもち、物事の法則性に気付き、自分なりに考えることができるようになる過程を大切にすること。また、他の幼児の考えなどに触れて新しい考えを生み出す喜びや楽しさを味わい、自分の考えをよりよいものにしようとする気持ちが育つようにすること。

(2) 幼児期において自然のもつ意味は大きく、自然の大きさ、美しさ、不思議さなどに直接触れる体験を通して、幼児の心が安らぎ、豊かな感情、好奇心、思考力、表現力の基礎が培われることを踏まえ、幼児が自然との関わりを深めることができるよう工夫すること。
(3) 身近な事象や動植物に対する感動を伝え合い、共感し合うことなどを通して自分から関わろうとする意欲を育てるとともに、様々な関わり方を通してそれらに対する親しみや畏敬の念、生命を大切にする気持ち、公共心、探究心などが養われるようにすること。
(4) 文化や伝統に親しむ際には、正月や節句など我が国の伝統的な行事、国歌、唱歌、わらべうたや我が国の伝統的な遊びに親しんだり、異なる文化に触れる活動に親しんだりすることを通じて、社会とのつながりの意識や国際理解の意識の芽生えなどが養われるようにすること。
(5) 数量や文字などに関しては、日常生活の中で幼児自身の必要感に基づく体験を大切にし、数量や文字などに関する興味や関心、感覚が養われるようにすること。

言葉

〔経験したことや考えたことなどを自分なりの言葉で表現し、相手の話す言葉を聞こうとする意欲や態度を育て、言葉に対する感覚や言葉で表現する力を養う。〕

1 ねらい
(1) 自分の気持ちを言葉で表現する楽しさを味わう。
(2) 人の言葉や話などをよく聞き、自分の経験したことや考えたことを話し、伝え合う喜びを味わう。
(3) 日常生活に必要な言葉が分かるようになるとともに、絵本や物語などに親しみ、言葉に対する感覚を豊かにし、先生や友達と心を通わせる。

2 内容
(1) 先生や友達の言葉や話に興味や関心をもち、親しみをもって聞いたり、話したりする。
(2) したり、見たり、聞いたり、感じたり、考えたりなどしたことを自分なりに言葉で表現する。
(3) したいこと、してほしいことを言葉で表現したり、分からないことを尋ねたりする。
(4) 人の話を注意して聞き、相手に分かるように話す。
(5) 生活の中で必要な言葉が分かり、使う。
(6) 親しみをもって日常の挨拶をする。
(7) 生活の中で言葉の楽しさや美しさに気付く。
(8) いろいろな体験を通じてイメージや言葉を豊かにする。
(9) 絵本や物語などに親しみ、興味をもって聞き、想像をする楽しさを味わう。
(10) 日常生活の中で、文字などで伝える楽しさを味わう。

3 内容の取扱い

上記の取扱いに当たっては、次の事項に留意する必要がある。
(1) 言葉は、身近な人に親しみをもって接し、自分の感情や意志などを伝え、それに相手が応答し、その言葉を聞くことを通して次第に獲得されていくものであることを考慮して、幼児が教師や他の幼児と関わることにより心を動かされるような体験をし、言葉を交わす喜びを味わえるようにすること。
(2) 幼児が自分の思いを言葉で伝えるとともに、教師や他の幼児などの話を興味をもって注意して聞くことを通して次第に話を理解するようになっていき、言葉に

よる伝え合いができるようにすること。
(3) 絵本や物語などで、その内容と自分の経験とを結び付けたり、想像を巡らせたりするなど、楽しみを十分に味わうことによって、次第に豊かなイメージをもち、言葉に対する感覚が養われるようにすること。
(4) 幼児が生活の中で、言葉の響きやリズム、新しい言葉や表現などに触れ、これらを使う楽しさを味わえるようにすること。その際、絵本や物語に親しんだり、言葉遊びなどをしたりすることを通して、言葉が豊かになるようにすること。
(5) 幼児が日常生活の中で、文字などを使いながら思ったことや考えたことを伝える喜びや楽しさを味わい、文字に対する興味や関心をもつようにすること。

表現

〔感じたことや考えたことを自分なりに表現することを通して、豊かな感性や表現する力を養い、創造性を豊かにする。〕

1 ねらい
(1) いろいろなものの美しさなどに対する豊かな感性をもつ。
(2) 感じたことや考えたことを自分なりに表現して楽しむ。
(3) 生活の中でイメージを豊かにし、様々な表現を楽しむ。

2 内容
(1) 生活の中で様々な音、形、色、手触り、動きなどに気付いたり、感じたりするなどして楽しむ。
(2) 生活の中で美しいものや心を動かす出来事に触れ、イメージを豊かにする。
(3) 様々な出来事の中で、感動したことを伝え合う楽しさを味わう。
(4) 感じたこと、考えたことなどを音や動きなどで表現したり、自由にかいたり、つくったりなどする。
(5) いろいろな素材に親しみ、工夫して遊ぶ。
(6) 音楽に親しみ、歌を歌ったり、簡単なリズム楽器を使ったりなどする楽しさを味わう。
(7) かいたり、つくったりすることを楽しみ、遊びに使ったり、飾ったりなどする。
(8) 自分のイメージを動きや言葉などで表現したり、演じて遊んだりするなどの楽しさを味わう。

3 内容の取扱い
上記の取扱いに当たっては、次の事項に留意する必要がある。
(1) 豊かな感性は、身近な環境と十分に関わる中で美しいもの、優れたもの、心を動かす出来事などに出会い、そこから得た感動を他の幼児や教師と共有し、様々に表現することなどを通して養われるようにすること。その際、風の音や雨の音、身近にある草や花の形や色など自然の中にある音、形、色などに気付くようにすること。
(2) 幼児の自己表現は素朴な形で行われることが多いので、教師はそのような表現を受容し、幼児自身の表現しようとする意欲を受け止めて、幼児が生活の中で幼児らしい様々な表現を楽しむことができるようにすること。
(3) 生活経験や発達に応じ、自ら様々な表現を楽しみ、表現する意欲を十分に発揮させることができるように、遊具や用具などを整えたり、様々な素材や表現の仕方に親しんだり、他の幼児の表現に触れられるよう配慮したりし、表現する過程を大切にして自己表現を楽しめるように工夫すること。

◎保育所保育指針 —— 抜粋
（平成29年　厚生労働省 告示）

第2章　ねらい及び内容

1　乳児保育に関わるねらい及び内容

(1) 基本的事項
ア　乳児期の発達については、視覚、聴覚などの感覚や、座る、はう、歩くなどの運動機能が著しく発達し、特定の大人との応答的な関わりを通じて、情緒的な絆が形成されるといった特徴がある。これらの発達の特徴を踏まえて、乳児保育は、愛情豊かに、応答的に行われることが特に必要である。

イ　本項においては、この時期の発達の特徴を踏まえ、乳児保育の「ねらい」及び「内容」については、身体的発達に関する視点「健やかに伸び伸びと育つ」、社会的発達に関する視点「身近な人と気持ちが通じ合う」及び精神的発達に関する視点「身近なものと関わり感性が育つ」としてまとめ、示している。

ウ　本項の各視点において示す保育の内容は、第1章の2に示された養護における「生命の保持」及び「情緒の安定」に関わる保育の内容と、一体となって展開されるものであることに留意が必要である。

(2) ねらい及び内容
ア　健やかに伸び伸びと育つ
　健康な心と体を育て、自ら健康で安全な生活をつくり出す力の基盤を培う。
（ア）ねらい
① 身体感覚が育ち、快適な環境に心地よさを感じる。
② 伸び伸びと体を動かし、はう、歩くなどの運動をしようとする。
③ 食事、睡眠等の生活のリズムの感覚が芽生える。

（イ）内容
① 保育士等の愛情豊かな受容の下で、生理的・心理的欲求を満たし、心地よく生活をする。
② 一人一人の発育に応じて、はう、立つ、歩くなど、十分に体を動かす。
③ 個人差に応じて授乳を行い、離乳を進めていく中で、様々な食品に少しずつ慣れ、食べることを楽しむ。
④ 一人一人の生活のリズムに応じて、安全な環境の下で十分に午睡をする。
⑤ おむつ交換や衣服の着脱などを通じて、清潔になることの心地よさを感じる。

（ウ）内容の取扱い
　上記の取扱いに当たっては、次の事項に留意する必要がある。
① 心と体の健康は、相互に密接な関連があるものであることを踏まえ、温かい触れ合いの中で、心と体の発達を促すこと。特に、寝返り、お座り、はいはい、つかまり立ち、伝い歩きなど、発育に応じて、遊びの中で体を動かす機会を十分に確保し、自ら体を動かそうとする意欲が育つようにすること。
② 健康な心と体を育てるためには望ましい食習慣の形成が重要であることを踏まえ、離乳食が完了期へと徐々に移行する中で、様々な食品に慣れるようにするとともに、和やかな雰囲気の中で食べる喜びや楽しさを味わい、進んで食べようとする気持ちが育つようにすること。なお、食物アレルギーのある子どもへの対応については、嘱託医等の指示や協力の下に適切に

対応すること。

イ　身近な人と気持ちが通じ合う

受容的・応答的な関わりの下で、何かを伝えようとする意欲や身近な大人との信頼関係を育て、人と関わる力の基盤を培う。

（ア）ねらい

① 安心できる関係の下で、身近な人と共に過ごす喜びを感じる。

② 体の動きや表情、発声等により、保育士等と気持ちを通わせようとする。

③ 身近な人と親しみ、関わりを深め、愛情や信頼感が芽生える。

（イ）内容

① 子どもからの働きかけを踏まえた、応答的な触れ合いや言葉がけによって、欲求が満たされ、安定感をもって過ごす。

② 体の動きや表情、発声、喃語（なん）等を優しく受け止めてもらい、保育士等とのやり取りを楽しむ。

③ 生活や遊びの中で、自分の身近な人の存在に気付き、親しみの気持ちを表す。

④ 保育士等による語りかけや歌いかけ、発声や喃語（なん）等への応答を通じて、言葉の理解や発語の意欲が育つ。

⑤ 温かく、受容的な関わりを通じて、自分を肯定する気持ちが芽生える。

（ウ）内容の取扱い

上記の取扱いに当たっては、次の事項に留意する必要がある。

① 保育士等との信頼関係に支えられて生活を確立していくことが人と関わる基盤となることを考慮して、子どもの多様な感情を受け止め、温かく受容的・応答的に関わり、一人一人に応じた適切な援助を行うようにすること。

② 身近な人に親しみをもって接し、自分の感情などを表し、それに相手が応答する言葉を聞くことを通して、次第に言葉が獲得されていくことを考慮して、楽しい雰囲気の中での保育士等との関わり合いを大切にし、ゆっくりと優しく話しかけるなど、積極的に言葉のやり取りを楽しむことができるようにすること。

ウ　身近なものと関わり感性が育つ

身近な環境に興味や好奇心をもって関わり、感じたことや考えたことを表現する力の基盤を培う。

（ア）ねらい

① 身の回りのものに親しみ、様々なものに興味や関心をもつ。

② 見る、触れる、探索するなど、身近な環境に自分から関わろうとする。

③ 身体の諸感覚による認識が豊かになり、表情や手足、体の動き等で表現する。

（イ）内容

① 身近な生活用具、玩具や絵本などが用意された中で、身の回りのものに対する興味や好奇心をもつ。

② 生活や遊びの中で様々なものに触れ、音、形、色、手触りなどに気付き、感覚の働きを豊かにする。

③ 保育士等と一緒に様々な色彩や形のものや絵本などを見る。

④ 玩具や身の回りのものを、つまむ、つかむ、たたく、引っ張るなど、手や指を使って遊ぶ。

⑤ 保育士等のあやし遊びに機嫌よく応じたり、歌やリズムに合わせて手足や体を動かして楽しんだりする。

（ウ）内容の取扱い

上記の取扱いに当たっては、次の事項に留意する必要がある。

① 玩具などは、音質、形、色、大きさなど子どもの発達状態に応じて適切なもの

を選び、その時々の子どもの興味や関心を踏まえるなど、遊びを通して感覚の発達が促されるものとなるように工夫すること。なお、安全な環境の下で、子どもが探索意欲を満たして自由に遊べるよう、身の回りのものについては、常に十分な点検を行うこと。

② 乳児期においては、表情、発声、体の動きなどで、感情を表現することが多いことから、これらの表現しようとする意欲を積極的に受け止めて、子どもが様々な活動を楽しむことを通して表現が豊かになるようにすること。

(3) 保育の実施に関わる配慮事項

ア 乳児は疾病への抵抗力が弱く、心身の機能の未熟さに伴う疾病の発生が多いことから、一人一人の発育及び発達状態や健康状態についての適切な判断に基づく保健的な対応を行うこと。

イ 一人一人の子どもの生育歴の違いに留意しつつ、欲求を適切に満たし、特定の保育士が応答的に関わるように努めること。

ウ 乳児保育に関わる職員間の連携や嘱託医との連携を図り、第3章に示す事項を踏まえ、適切に対応すること。栄養士及び看護師等が配置されている場合は、その専門性を生かした対応を図ること。

エ 保護者との信頼関係を築きながら保育を進めるとともに、保護者からの相談に応じ、保護者への支援に努めていくこと。

オ 担当の保育士が替わる場合には、子どものそれまでの生育歴や発達過程に留意し、職員間で協力して対応すること。

2 1歳以上3歳未満児の保育に関わるねらい及び内容

(1) 基本的事項

ア この時期においては、歩き始めから、歩く、走る、跳ぶなどへと、基本的な運動機能が次第に発達し、排泄の自立のための身体的機能も整うようになる。つまむ、めくるなどの指先の機能も発達し、食事、衣類の着脱なども、保育士等の援助の下で自分で行うようになる。発声も明瞭になり、語彙も増加し、自分の意思や欲求を言葉で表出できるようになる。このように自分でできることが増えてくる時期であることから、保育士等は、子どもの生活の安定を図りながら、自分でしようとする気持ちを尊重し、温かく見守るとともに、愛情豊かに、応答的に関わることが必要である。

イ 本項においては、この時期の発達の特徴を踏まえ、保育の「ねらい」及び「内容」について、心身の健康に関する領域「健康」、人との関わりに関する領域「人間関係」、身近な環境との関わりに関する領域「環境」、言葉の獲得に関する領域「言葉」及び感性と表現に関する領域「表現」としてまとめ、示している。

ウ 本項の各領域において示す保育の内容は、第1章の2に示された養護における「生命の保持」及び「情緒の安定」に関わる保育の内容と、一体となって展開されるものであることに留意が必要である。

(2) ねらい及び内容
ア 健康

健康な心と体を育て、自ら健康で安全な生活をつくり出す力を養う。

（ア）ねらい
① 明るく伸び伸びと生活し、自分から体を動かすことを楽しむ。
② 自分の体を十分に動かし、様々な動きをしようとする。
③ 健康、安全な生活に必要な習慣に気付き、自分でしてみようとする気持ちが育つ。

（イ）内容
① 保育士等の愛情豊かな受容の下で、安定感をもって生活をする。
② 食事や午睡、遊びと休息など、保育所における生活のリズムが形成される。
③ 走る、跳ぶ、登る、押す、引っ張るなど全身を使う遊びを楽しむ。
④ 様々な食品や調理形態に慣れ、ゆったりとした雰囲気の中で食事や間食を楽しむ。
⑤ 身の回りを清潔に保つ心地よさを感じ、その習慣が少しずつ身に付く。
⑥ 保育士等の助けを借りながら、衣類の着脱を自分でしようとする。
⑦ 便器での排泄に慣れ、自分で排泄ができるようになる。

（ウ）内容の取扱い
上記の取扱いに当たっては、次の事項に留意する必要がある。
① 心と体の健康は、相互に密接な関連があるものであることを踏まえ、子どもの気持ちに配慮した温かい触れ合いの中で、心と体の発達を促すこと。特に、一人一人の発育に応じて、体を動かす機会を十分に確保し、自ら体を動かそうとする意欲が育つようにすること。
② 健康な心と体を育てるためには望ましい食習慣の形成が重要であることを踏まえ、ゆったりとした雰囲気の中で食べる喜びや楽しさを味わい、進んで食べようとする気持ちが育つようにすること。なお、食物アレルギーのある子どもへの対応については、嘱託医等の指示や協力の下に適切に対応すること。
③ 排泄の習慣については、一人一人の排尿間隔等を踏まえ、おむつが汚れていないときに便器に座らせるなどにより、少しずつ慣れさせるようにすること。
④ 食事、排泄、睡眠、衣類の着脱、身の回りを清潔にすることなど、生活に必要な基本的な習慣については、一人一人の状態に応じ、落ち着いた雰囲気の中で行うようにし、子どもが自分でしようとする気持ちを尊重すること。また、基本的な生活習慣の形成に当たっては、家庭での生活経験に配慮し、家庭との適切な連携の下で行うようにすること。

イ 人間関係
他の人々と親しみ、支え合って生活するために、自立心を育て、人と関わる力を養う。

（ア）ねらい
① 保育所での生活を楽しみ、身近な人と関わる心地よさを感じる。
② 周囲の子ども等への興味や関心が高まり、関わりをもとうとする。
③ 保育所の生活の仕方に慣れ、きまりの大切さに気付く。

（イ）内容
① 保育士等や周囲の子ども等との安定した関係の中で、共に過ごす心地よさを感じる。
② 保育士等の受容的・応答的な関わりの中で、欲求を適切に満たし、安定感をもって過ごす。
③ 身の回りに様々な人がいることに気付き、徐々に他の子どもと関わりをもって遊ぶ。
④ 保育士等の仲立ちにより、他の子どもとの関わり方を少しずつ身につける。

⑤ 保育所の生活の仕方に慣れ、きまりがあることや、その大切さに気付く。
⑥ 生活や遊びの中で、年長児や保育士等の真似をしたり、ごっこ遊びを楽しんだりする。
(ウ) 内容の取扱い
　上記の取扱いに当たっては、次の事項に留意する必要がある。
① 保育士等との信頼関係に支えられて生活を確立するとともに、自分で何かをしようとする気持ちが旺盛になる時期であることに鑑み、そのような子どもの気持ちを尊重し、温かく見守るとともに、愛情豊かに、応答的に関わり、適切な援助を行うようにすること。
② 思い通りにいかない場合等の子どもの不安定な感情の表出については、保育士等が受容的に受け止めるとともに、そうした気持ちから立ち直る経験や感情をコントロールすることへの気付き等につなげていけるように援助すること。
③ この時期は自己と他者との違いの認識がまだ十分ではないことから、子どもの自我の育ちを見守るとともに、保育士等が仲立ちとなって、自分の気持ちを相手に伝えることや相手の気持ちに気付くことの大切さなど、友達の気持ちや友達との関わり方を丁寧に伝えていくこと。

ウ　環境
　周囲の様々な環境に好奇心や探究心をもって関わり、それらを生活に取り入れていこうとする力を養う。
(ア) ねらい
① 身近な環境に親しみ、触れ合う中で、様々なものに興味や関心をもつ。
② 様々なものに関わる中で、発見を楽しんだり、考えたりしようとする。
③ 見る、聞く、触るなどの経験を通して、感覚の働きを豊かにする。
(イ) 内容
① 安全で活動しやすい環境での探索活動等を通して、見る、聞く、触れる、嗅ぐ、味わうなどの感覚の働きを豊かにする。
② 玩具、絵本、遊具などに興味をもち、それらを使った遊びを楽しむ。
③ 身の回りの物に触れる中で、形、色、大きさ、量などの物の性質や仕組みに気付く。
④ 自分の物と人の物の区別や、場所的感覚など、環境を捉える感覚が育つ。
⑤ 身近な生き物に気付き、親しみをもつ。
⑥ 近隣の生活や季節の行事などに興味や関心をもつ。
(ウ) 内容の取扱い
　上記の取扱いに当たっては、次の事項に留意する必要がある。
① 玩具などは、音質、形、色、大きさなど子どもの発達状態に応じて適切なものを選び、遊びを通して感覚の発達が促されるように工夫すること。
② 身近な生き物との関わりについては、子どもが命を感じ、生命の尊さに気付く経験へとつながるものであることから、そうした気付きを促すような関わりとなるようにすること。
③ 地域の生活や季節の行事などに触れる際には、社会とのつながりや地域社会の文化への気付きにつながるものとなることが望ましいこと。その際、保育所内外の行事や地域の人々との触れ合いなどを通して行うこと等も考慮すること。

エ　言葉
　経験したことや考えたことなどを自分なりの言葉で表現し、相手の話す言葉を聞

こうとする意欲や態度を育て、言葉に対する感覚や言葉で表現する力を養う。
（ア）ねらい
① 言葉遊びや言葉で表現する楽しさを感じる。
② 人の言葉や話などを聞き、自分でも思ったことを伝えようとする。
③ 絵本や物語等に親しむとともに、言葉のやり取りを通じて身近な人と気持ちを通わせる。
（イ）内容
① 保育士等の応答的な関わりや話しかけにより、自ら言葉を使おうとする。
② 生活に必要な簡単な言葉に気付き、聞き分ける。
③ 親しみをもって日常の挨拶に応じる。
④ 絵本や紙芝居を楽しみ、簡単な言葉を繰り返したり、模倣をしたりして遊ぶ。
⑤ 保育士等とごっこ遊びをする中で、言葉のやり取りを楽しむ。
⑥ 保育士等を仲立ちとして、生活や遊びの中で友達との言葉のやり取りを楽しむ。
⑦ 保育士等や友達の言葉や話に興味や関心をもって、聞いたり、話したりする。
（ウ）内容の取扱い
　上記の取扱いに当たっては、次の事項に留意する必要がある。
① 身近な人に親しみをもって接し、自分の感情などを伝え、それに相手が応答し、その言葉を聞くことを通して、次第に言葉が獲得されていくものであることを考慮して、楽しい雰囲気の中で保育士等との言葉のやり取りができるようにすること。
② 子どもが自分の思いを言葉で伝えるとともに、他の子どもの話などを聞くことを通して、次第に話を理解し、言葉による伝え合いができるようになるよう、気持ちや経験等の言語化を行うことを援助す

るなど、子ども同士の関わりの仲立ちを行うようにすること。
③ この時期は、片言から、二語文、ごっこ遊びでのやり取りができる程度へと、大きく言葉の習得が進む時期であることから、それぞれの子どもの発達の状況に応じて、遊びや関わりの工夫など、保育の内容を適切に展開することが必要であること。

オ　表現
　感じたことや考えたことを自分なりに表現することを通して、豊かな感性や表現する力を養い、創造性を豊かにする。
（ア）ねらい
① 身体の諸感覚の経験を豊かにし、様々な感覚を味わう。
② 感じたことや考えたことなどを自分なりに表現しようとする。
③ 生活や遊びの様々な体験を通して、イメージや感性が豊かになる。
（イ）内容
① 水、砂、土、紙、粘土など様々な素材に触れて楽しむ。
② 音楽、リズムやそれに合わせた体の動きを楽しむ。
③ 生活の中で様々な音、形、色、手触り、動き、味、香りなどに気付いたり、感じたりして楽しむ。
④ 歌を歌ったり、簡単な手遊びや全身を使う遊びを楽しんだりする。
⑤ 保育士等からの話や、生活や遊びの中での出来事を通して、イメージを豊かにする。
⑥ 生活や遊びの中で、興味のあることや経験したことなどを自分なりに表現する。
（ウ）内容の取扱い
　上記の取扱いに当たっては、次の事項に留意する必要がある。

① 子どもの表現は、遊びや生活の様々な場面で表出されているものであることから、それらを積極的に受け止め、様々な表現の仕方や感性を豊かにする経験となるようにすること。
② 子どもが試行錯誤しながら様々な表現を楽しむことや、自分の力でやり遂げる充実感などに気付くよう、温かく見守るとともに、適切に援助を行うようにすること。
③ 様々な感情の表現等を通じて、子どもが自分の感情や気持ちに気付くようになる時期であることに鑑み、受容的な関わりの中で自信をもって表現をすることや、諦めずに続けた後の達成感等を感じられるような経験が蓄積されるようにすること。
④ 身近な自然や身の回りの事物に関わる中で、発見や心が動く経験が得られるよう、諸感覚を働かせることを楽しむ遊びや素材を用意するなど保育の環境を整えること。

(3) 保育の実施に関わる配慮事項

ア 特に感染症にかかりやすい時期であるので、体の状態、機嫌、食欲などの日常の状態の観察を十分に行うとともに、適切な判断に基づく保健的な対応を心がけること。

イ 探索活動が十分できるように、事故防止に努めながら活動しやすい環境を整え、全身を使う遊びなど様々な遊びを取り入れること。

ウ 自我が形成され、子どもが自分の感情や気持ちに気付くようになる重要な時期であることに鑑み、情緒の安定を図りながら、子どもの自発的な活動を尊重するとともに促していくこと。

エ 担当の保育士が替わる場合には、子どものそれまでの経験や発達過程に留意し、職員間で協力して対応すること。

【監修者紹介】

谷田貝公昭（やたがい・まさあき）
　　目白大学名誉教授
［主な著書］『しつけ事典』（監修、一藝社、2013年）、『新版・保育用語辞典』（編集代表、一藝社、2016年）、『実践・保育内容シリーズ［全6巻］』（監修、一藝社、2014～2015年）、『絵でわかるこどものせいかつずかん［全4巻］』（監修、合同出版、2012年）ほか多数

【編著者紹介】

髙橋弥生（たかはし・やよい）
　　目白大学人間学部教授
［主な著書］『しつけ事典』（編集代表、一藝社、2013年）、『健康　実践・保育内容シリーズ』編著、一藝社、2014年）、『データでみる幼児の基本的生活習慣』（共著、一藝社、2007年）、『イラストでわかる日本の伝統行事・行事食』（共著、合同出版、2017年）ほか多数

福田真奈（ふくだ・まな）
　　横浜創英大学こども教育学部准教授
［主な著書］『子どもと生活』（共著、一藝社、2010年）『たのしく学べる乳幼児の心理　改訂版』（共著、福村出版、2010年）、『コンパクト版保育者養成シリーズ新版保育の心理学Ⅰ』『コンパクト版保育者養成シリーズ新版保育の心理学Ⅱ』（ともに共編著、一藝社、2018年）ほか多数

【執筆者紹介】（五十音順）

五十嵐淳子（いがらし・じゅんこ）　　　［第13章］
　　上智社会福祉専門学校保育士科教員

伊藤かおり（いとう・かおり）　　　　　［第14章］
　　帝京平成大学現代ライフ学部児童学科准教授

大﨑利紀子（おおさき・りきこ）　　　　［第7章］
　　横浜高等教育専門学校児童科保育課程教員

大沢　裕（おおさわ・ひろし）　　　　　［第8章］
　　松蔭大学コミュニケーション文化学部こども学科教授

小林怜美（こばやし・さとみ）　　　　　［第12章］
　　NPO法人子どもの生活科学研究会

小沼　豊（こぬま・ゆたか）　　　　　　［第10章］
　　東京純心大学現代文化学部こども文化学科専任講師

副島里美（そえじま・さとみ）　　　　　［第3章］
　　静岡県立大学短期大学部こども学科准教授

髙木友子（たかき・ゆうこ）　　　　　　［第6章］
　　湘北短期大学保育学科教授

髙橋弥生（たかはし・やよい）　　　　　［第1章］
　　〈編著者紹介参照〉

長谷川直子（はせがわ・なおこ）　　　　［第9章］
　　横浜創英大学こども教育学部助教

福田真奈（ふくだ・まな）　　　　　　［第5章］
　〈編著者紹介参照〉
宮本浩紀（みやもと・ひろき）　　　　　［第2章］
　信州豊南短期大学幼児教育学科専任講師
村上八千世（むらかみ・やちよ）　　　　［第4章］
　常磐短期大学幼児教育保育学科特任准教授
八幡眞由美（やはた・まゆみ）　　　　　［第15章］
　新島学園短期大学コミュニティ子ども学科准教授
山口弘美（やまぐち・ひろみ）　　　　　［第11章］
　広島市・広島県スクールカウンセラー

装丁　（デザイン）本田いく
　　　（イラスト）ふじたかなこ

図表作成　望月まゆみ（ルナピデザイン）

コンパクト版 保育内容シリーズ②
人間関係

2018年3月5日　初版第1刷発行
2021年9月5日　初版第2刷発行

監修者　谷田貝 公昭
編著者　髙橋 弥生・福田 真奈
発行者　菊池 公男

発行所　株式会社 一藝社
〒160-0014 東京都新宿区内藤町1-6
Tel. 03-5312-8890　Fax. 03-5312-8895
E-mail : info@ichigeisha.co.jp
HP : http://www.ichigeisha.co.jp
振替　東京 00180-5-350802
印刷・製本　シナノ書籍印刷株式会社

©Masaaki Yatagai
2018 Printed in Japan
ISBN 978-4-86359-151-6 C3037
乱丁・落丁本はお取り替えいたします